EL TOQUE CUÁNTICO DEL
REY MIDAS

EL TOQUE CUÁNTICO DEL
REY MIDAS

SAUL PICHARDO

DESCIFRANDO LOS MISTERIOS DEL SECRETO DE LA RIQUEZA IMPARABLE
SINCRONIZANDO EN EL UNIVERSO PARA UNA ABUNDANCIA INFINITA

El Toque Cuántico del Rey Midas
© 2024 by Saúl Pichardo

Editorial Revive

Todos los derechos reservados. Ninguna parte de esta publicación puede ser reproducida, distribuida o transmitida en cualquier forma o por cualquier medio, incluyendo fotocopias, grabaciones u otros métodos electrónicos o mecánicos, sin el permiso previo por escrito del autor, excepto en el caso de citas breves incorporadas en revisiones críticas y ciertos otros usos no comerciales permitidos por la Ley de derechos de autor.

Impreso en los Estados Unidos de Norteamérica

Primera edición: Mayo de 2024

SAUL PICHARDO

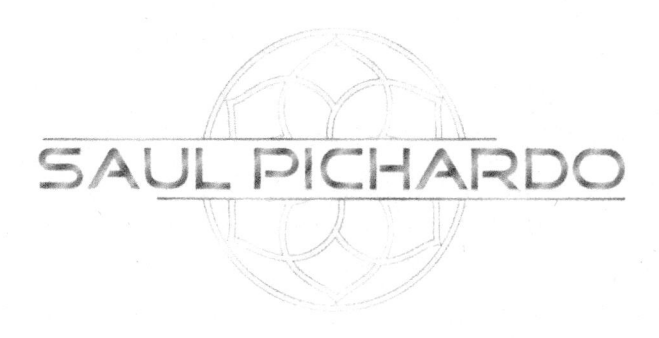

SAUL PICHARDO

TRASCIENDE UNIVERSITY PERSONAL DEVELOPMENT

Contenido

Contexto 15
Prólogo 19
Mensaje para el autor 25
Agradecimiento y dedicatoria 27
Dedicatoria 33
Preludio 35
El Grito de la Libertad 35
Introducción 41
Prefacio 43
Instrucciones para la Lectura y Práctica de "El Toque Cuántico del Rey Midas" 47
Preparación para la Elevación y Conexión 55

Capítulo introductorio:
El Desdoblamiento de tu Yo Cuántico del Futuro y el Reencuentro de tu Ser para la Manifestación 59

Capítulo I:
El Toque Cuántico del Rey MidasLa Conexión Universal 64

Capítulo II:
Sanación Ancestral Cuántica 71

Capítulo III:
La Sincronización Universal 75

Capítulo IV:
Despierta tu Potencial Cuántico 79

Capítulo V:
El Salto Cuántico 85

Capítulo VI:
Liberando el Potencial Cuántico en tus Relaciones 91

Capítulo VII:
Abundancia Cuántica.. 99

Capítulo VIII:
Transformación Radical a través de la Acción............... 105

Capítulo IX:
Transformando Creencias Limitantes en Creencias Potenciadoras.. 109

Capítulo X:
De las Relaciones.. 115

Capítulo XI
La Trascendencia Astral: Elevando tu Espíritu hacia lo Divino 121

Capítulo XII:
El Despertar de tu Poder Interior: La Magia de la Transformación 127

Capítulo XIII:
La Alquimia Cuántica de la Abundancia: Creando Riqueza y Éxito.. 133

Capítulo XIV
La Sabiduría de los Maestros del Éxito.......................... 139

Capítulo XV
Conciencia Colectiva: Uniendo Fuerzas por un Mundo Mejor 143

Capítulo XVI:
Elevando tu Vibración: El Arte de la Transmutación ... 149

Capítulo: XVII
La Conexión Divina: Alineando los Campos del Éxito Universal 155

Capítulo XVIII:
El Despertar del Guerrero Cuántico 159

Capítulo XIX:
El Poder de la conexión elevando tu esencia Descubriendo los Secretos de los Maestros de la Antigüedad 163

Capítulo XX:
El Despertar de la Conciencia Cuántica 169

Capítulo XXI:
El Legado de la Transformación Cuántica 173

Capítulo Extra:
La Fuerza de la Rosa de Jericó y la Ley del Magnetismo 175

Capítulo Especial:
La Onda Cuántica de Transformación Espacial Global 179

Mi biografía 187

Contexto

Érase una vez un rey llamado Midas, conocido en la historia por su habilidad única: todo lo que tocaba se convertía en oro. Su historia, aunque en apariencia mítica, encierra en sus pliegues profundas enseñanzas sobre la naturaleza de la abundancia y la riqueza.

En este libro, "El Toque Cuántico del Rey Midas: Descifrando los Secretos de la Abundancia Infinita", exploraremos la historia del Rey Midas desde una perspectiva cuántica. A través de esta fábula milenaria, aprenderemos a aplicar los principios de la física cuántica para manifestar abundancia en nuestras vidas.

Al igual que el Rey Midas, todos poseemos el potencial de transformar nuestra realidad en una de prosperidad y plenitud. Descubre cómo sincronizarte con el universo para lograr una abundancia infinita en todos los aspectos de tu vida.

El libro "El Toque Cuántico del Rey Midas" promete desvelar los secretos de la riqueza imparable al sincronizarte con el universo, permitiéndote alcanzar una abundancia infinita. A través de su lectura, descubrirás cómo aplicar los principios de la física cuántica y la espiritualidad para transformar tu vida y lograr el éxito en todos los aspectos.

El propósito del libro "Toque Cuántico del Rey Midas" es guiarte en un viaje de transformación personal y empoderamiento. A través de una combinación única de conceptos de física cuántica, espiritualidad y desarrollo personal, el autor Saúl Pichardo te invita a explorar las profundidades de tu ser y descubrir tu verdadero potencial.

El libro está diseñado para ayudarte a comprender cómo tus pensamientos, emociones y acciones impactan tu realidad, y cómo puedes utilizar este conocimiento para crear la vida que deseas. Con historias inspiradoras, ejercicios prácticos y meditaciones guiadas, aprenderás a aplicar los principios cuánticos en tu día a día para manifestar abundancia, éxito y plenitud en todas las áreas de tu vida.

A medida que avances en la lectura, te sumergirás en un proceso de autodescubrimiento y crecimiento personal que te permitirá superar tus limitaciones, liberarte de patrones negativos y conectarte con tu poder interior. El libro te desafía a pensar de manera diferente, a cuestionar tus creencias limitantes y a abrirte a nuevas posibilidades, todo con el objetivo final de ayudarte a alcanzar tu máximo potencial y vivir una vida plena y satisfactoria.

Despertar Cuántico: Transformando tu vida y alcanzando la plenitud

Este libro es un tributo a la esencia de los más grandes líderes de la humanidad, quienes, con sus pensamientos profundos, entrega apasionada y firmeza en el cambio, conquistaron sus propias metas y dejaron una huella imborrable. Sus leyes, filosofías y pensamientos han guiado a generaciones hacia la realización personal y la conexión con uno mismo, marcando así la historia y dejando un camino claro para que otros logren los mismos resultados. En estas páginas, encontrarás la sabiduría atemporal que ha impulsado a tantos hacia el éxito y la plenitud en todas las áreas de la vida, todo ello integrado con el enfoque cuántico, que nos enseña que nuestras acciones y pensamientos pueden influir en la realidad que experimentamos, permitiéndonos trascender los límites convencionales y alcanzar niveles más profundos de comprensión y realización personal y el despertar de la conciencia, Transformando tu Vida

Prólogo

Cuando se escribe un prólogo, por lo general es para hablar sobre el contenido de un libro y su relevancia. Sin embargo, es imposible evitar hablar primero, en este caso, sobre el autor Saúl Pichardo, quien representa el mejor y más claro ejemplo de la metáfora viva de la historia del "Toque cuántico del Rey Midas".

Conocí a Saúl en un entrenamiento especial para formarse como entrenador cuántico, y allí me encontré con su historia. Saúl Pichardo aparentemente es un ser humano como cualquiera de nosotros en muchos aspectos, pero conforme lo fui conociendo, descubrí que es verdaderamente extraordinario, especialmente en su capacidad para superar los obstáculos que la vida le ha presentado. Reconocí su pasión por descifrar los misterios de la mente y su relación con la física cuántica.

Desde muy joven, Saúl mostró una asombrosa capacidad y talento para enfrentar las adversidades de la vida, que fueron muchas. Siempre lo miré fascinado por conocer y comprender cómo lo invisible (la conciencia) y lo tangible (la materia) se entrelazaban para formar la realidad que conocemos. Su vida ha sido un viaje de descubrimiento, lleno de retos, aprendizajes y momentos de suprema revelación.

Por esta razón, me llena de entusiasmo darte la bienvenida a una aventura única llamada "El toque cuántico del Rey Midas". Este libro se adentra en el fascinante mundo de la física cuántica y explora los rincones profundos de la mente humana a través de la Programación Neurolingüística (PNL). Pero más allá de la ciencia y la psicología, esta obra relata la increíble vida de un hombre cuya búsqueda de conocimiento y capacidad para ayudar a los demás transformó no solo su destino, sino también el de muchas personas que lo han conocido.

Inspirado por el antiguo mito del Rey Midas, Saúl soñaba con alcanzar el éxito y poder enseñar a los demás las claves de un poder creador que solo unos pocos siquiera se atrevían a imaginar. Pero, como aquel rey de leyenda, pronto descubriría que con tal poder vienen complejas responsabilidades y consecuencias que no siempre son predecibles. A medida que su investigación lo lleva hacia los confines del comportamiento del universo cuántico, Saúl también profundiza en el estudio de la neurociencia, entendiendo que nuestras creencias y pensamientos no solo impactan nuestras vidas, sino que también modelan nuestra misma realidad.´

En el umbral de una nueva era, donde las maravillas de la física cuántica comienzan a entrelazarse con las intrincadas encrucijadas de la neurociencia y la biología, Saúl Pichardo logra la metáfora genial desde las bases de la programación neurolingüística y la física cuántica. Emergen en este libro como una historia que desafía los confines conocidos del poder de la mente y la manifestación.

A través de los ojos de Saúl, y los desafíos que ha enfrentado a lo largo de su vida, el lector no solo se sumergirá en las maravillas de la física cuántica, sino que también encontrará enseñanzas prácticas de la PNL aplicadas a la vida diaria. Saúl nos muestra que para cambiar el mundo, primero debemos comprender y transformar nuestra mente. Su historia es un recordatorio de que el conocimiento, cuando es guiado por sabiduría y humildad, tiene el poder de convertir nuestros sueños en realidad y nuestras realidades en sueños, logrando implementar en nuestras vidas el toque cuántico del Rey Midas y lo que significa tocar la esencia misma del universo y transformarla.

"El toque cuántico del Rey Midas" no es solo un relato mítico, sino que representa una verdadera metáfora viva que puede, sin lugar a dudas, modificar lo instalado en lo profundo de tu inconsciente. En este caso, también es la narración de una historia de vida, la de Saúl Pichardo. Y, de igual manera, es un viaje profundo al corazón de la mente para poder entender los secretos detrás de la carencia y también los secretos detrás de la abundancia, y así lograr establecer una conexión con el universo para lograr la abundancia en nuestras vidas. "El toque cuántico del Rey Midas" no representa una respuesta sencilla ni un camino fácilmente definido; más bien, invita a sus lectores a cuestionar, reflexionar y maravillarse ante la extraordinaria posibilidad de que el ser humano posee el poder último para transformar el mundo que nos rodea. Lo podemos lograr a través del poder de nuestra mente, que finalmente es el mecanismo natural para ser los creadores de nuestra realidad y entender y respetar su infinita complejidad.

Es con este espíritu inquisitivo y reverente que Saúl Pichardo nos invita a sumergirnos en esta obra, esperando que en cada página el lector encuentre no solo una historia apasionante, sino también una invitación a cuestionar los límites del conocimiento y el poder de la mente explicado desde las leyes de la física cuántica. Así entonces, "El toque cuántico del Rey Midas" no busca ofrecerte respuestas definitivas ni soluciones fáciles que muchos libros de superación intentan ofrecerte, sino invitarte a reflexionar profundamente y explorar. Estoy seguro de que, mientras recorras cada página, te encontrarás con momentos de introspección y asombro, que te inspirarán a mirar dentro de ti mismo y descubrir el vasto potencial que reside en tu mente. "El toque cuántico del Rey Midas" es una introducción emocionante y cautivadora que sumerge al lector en la historia y los descubrimientos más modernos de la formación de la realidad. La narrativa introduce al lector en un viaje de autodescubrimiento y transformación a través de la vida de un individuo excepcional.

La analogía con el "Toque cuántico del Rey Midas" añade una capa de misticismo y profundidad, sugiriendo la poderosa influencia que nuestras creencias y pensamientos tienen en nuestra vida. La combinación de elementos como la ciencia, el mito y la exploración de la mente humana promete despertar la curiosidad del lector y llevarlo a un viaje de autoconocimiento y potencial transformador. La invitación a cuestionar los límites del conocimiento y la mente humana resuena fuertemente a lo largo de este libro, creando una atmósfera de exploración y posibilidades infinitas. Así que siéntate, relájate y prepárate para embarcarte en un viaje inolvidable a través de la vida y las experiencias de Saúl Pichardo. Acompáñalo en su búsqueda de conocimiento y poder, para descubrir, junto con él, cómo la ciencia, el mito y el potencial humano pueden entrelazarse para moldear un nuevo destino.

Bienvenidos a este viaje donde la ciencia se entrelaza magistralmente con el mito y donde cada decisión puede reconfigurar la realidad misma.

Edmundo Velasco
Master Coach con PNL

El Toque Cuántico del Rey Midas

Mensaje para el autor

Si alguien me pidiera definir con un nombre lo que significan para una sociedad conceptos como entusiasmo, sentido de pertenencia, espíritu de compromiso, vocación de servicio, ambición, anhelos de grandeza, visión clara, superación permanente, resiliencia y liderazgo, me resultaría difícil encontrar un nombre que abarque todos estos aspectos. Sin embargo, en ese selecto grupo siempre destacaría el nombre de Saúl Pichardo. Es una persona humilde e inteligente que comparte su conocimiento con carisma en cada una de sus acciones.

Saúl hace honor a su nombre, recordemos su significado espiritual y trascendente. Proviene del arameo Shaul y significa "aquel que ha sido pedido al Señor". Así como el rey Saúl fue deseado por su pueblo, Saúl Pichardo es solicitado por su gente como un faro iluminador de sus vidas y futuros, como lo demuestra su trayectoria. Para mí, y para todos los que le admiramos y respetamos, es un privilegio contar con su amistad.

Saúl, felicitaciones por tu nuevo libro y por todas tus obras y actividades. Nuestro aplauso es un simple reconocimiento a tus talentos y dedicación.

Abrazos de luz por siempre,

Guillermo Villa Ríos
Master Coach de Vida y Negocios
Cali, Colombia

Agradecimiento y dedicatoria

Principalmente a Dios, por darme tantas oportunidades de vida para transformarme en la persona que soy ahora, y por desarrollar en mí todas las virtudes, dones y talentos para ponerlos al servicio de la humanidad, por su gracia y amor.

En inspiración, este fue el mensaje que me llegó de lo alto mientras escribía este libro:

"Querido hijo, en el infinito lienzo de la existencia, cada uno de tus pensamientos es una pincelada de luz que da forma a tu realidad. No temas soñar en grande, pues tus sueños son la semilla de los milagros que están por florecer en tu vida.

Recuerda siempre que llevas mi divinidad dentro de ti, y que tu potencial es tan vasto como el universo mismo. Confía en tu capacidad para crear y manifestar, pues en cada desafío y en cada victoria estoy a tu lado, guiándote hacia tu grandeza.

Escucha la voz de tu corazón, pues en ella encontrarás la sabiduría y la fuerza para superar cualquier obstáculo.

Eres un ser de luz, un creador de realidades, y tu misión en este mundo es brillar con todo tu esplendor.

Nunca dudes de ti mismo, pues en tu interior yace el poder de cambiar el mundo. Que este mensaje te llene de amor, paz y confianza, recordándote siempre que eres amado más allá de toda medida. Con infinito amor, Dios."

A mi líder por excelencia, Jesús, como modelo a seguir, mi maestro de vida, por ser quien me da la fortaleza para seguir adelante, viviendo desde su modelaje y enseñanza acerca del amor, el perdón, la humildad, el servicio, la honestidad y todo su camino hacia la libertad, la paz y la plenitud.

En una regresión que hice, me puso en los tiempos en que él estaba en la tierra. Me vi lavándole los pies, me visualicé en semejante privilegio de servicio a él, en ese viaje astral. ¡Fue hermoso!

El siguiente es el mensaje que recibí de su parte después de invocar su nombre y pedírselo para este libro.

Mensaje Inspirador de Jesús:

"Amado hijo, en tu búsqueda de sabiduría y abundancia, recuerda que el Reino de los Cielos está dentro de ti. Así como yo enseñé a las multitudes con parábolas y enseñanzas simples, tú también puedes guiar a otros hacia la verdad y la luz.

Recuerda que cada pensamiento y cada palabra tiene poder creativo. Al alinear tu mente y tu corazón con la voluntad divina, puedes manifestar milagros en tu vida y en la vida de los demás.

No temas a la grandeza, porque yo te he dado el poder de ser co-creador junto con el Padre Celestial. Confía en tu intuición y sigue tu corazón, porque en él encontrarás la verdad que te conducirá hacia la plenitud y la realización de tu propósito divino.

Que este libro sea un faro de luz para aquellos que buscan el camino hacia la abundancia y la realización personal. Que cada palabra escrita aquí sea como una semilla que crezca en el corazón de quien la lea, llevándolos hacia la verdadera riqueza que reside en su interior.

Que la paz y la gracia de Dios te acompañen en este viaje de descubrimiento y transformación. Que así sea."

A mi abuela Aurora, como su nombre lo sugiere, era como un bello amanecer, irradiando un amor fraternal que quizás no pudo manifestar plenamente en su juventud, marcada por la adversidad y las dificultades que enfrentó a lo largo de su vida. A pesar de ello, siempre me brindó lo mejor de sí misma, siendo yo uno de sus nietos consentidos. Ese amor, que tal vez nunca pudo expresar plenamente hacia los demás o incluso hacia sí misma, lo compartió generosamente conmigo.

Agradezco a mi madre por haberme enseñado la bondad, la generosidad hacia los demás y el amor en su esencia más pura. Ser parte de su vientre y encontrarme aquí en este mundo significa que seguimos conectados a través de la epigenética y el entrelazamiento cuántico, dejando una marca indeleble en mi corazón a lo largo de este viaje que llamamos vida.

A mi hermano, a quien amo y respeto profundamente por haberse hecho cargo de mí, velando por mi supervivencia humana, compartiendo su tiempo y parte de su vida cuidándome y siendo mi compañero desde la infancia, enfrentando juntos todas las experiencias y desafíos que la vida nos ha presentado.

A mis hijos:

A mi hija hermosa, a través de quien Dios me ha concedido el mejor de los regalos al manifestarse y realizarse en ella. Entiendo que cuando todo está alineado en la fe, los milagros suceden. Reconozco que sus tiempos y todo lo que ocurre cuando proviene de Él son perfectos, concediéndome la dicha de ver a mi hermoso retoño desarrollarse sanamente después de un diagnóstico médico devastador.

A mi hijo, mi príncipe hermoso, quien desde antes de su nacimiento ya irradiaba una magia especial. Llegó para enseñarme el amor incondicional desde su inocencia, puro y transparente, impulsando mi evolución y desafiándome a dar lo mejor de mí para dejar una huella y un legado que lo guíen hacia una vida plena y abundante.

A mi árbol transgeneracional, que abarca mi pasado, presente y futuras generaciones, para que siga esa huella que trasciende hacia el más alto bien y la humildad más elevada. Que continuemos llevando y viviendo el mensaje del amor en todas partes, sanando heridas, perdonando el pasado y cultivando un amor incondicional, tal como lo desea Dios. Que así sea, ya está hecho, gracias, Padre.

A todos mis conocidos y maestros que han sido parte de esta historia de vida y proceso, contribuyendo con su tiempo, esfuerzo, amor y dedicación a mis logros y aprendizajes. Les envío luz y amor incondicional, agradeciendo su presencia en mi camino.

Dedicatoria

Este libro está dedicado a todos aquellos que albergan la esperanza y la determinación de realizarse como seres humanos, persiguiendo constantemente la superación del pasado y la búsqueda de lo mejor en sus vidas, deseando sinceramente que sea una bendición y una expansión para sus mentes y conciencias. Anhelo de todo corazón que logren elevar su esencia y conectar con la plenitud y el éxito, tal como yo lo hice después de más de 20 años de búsqueda. Aquí les comparto lo mejor de lo mejor que he encontrado en la vida, con todo mi cariño, admiración y reconocimiento por atreverse a ir más allá y por formar parte de mi historia y legado. Gracias.

Preludio:
El Grito de la Libertad

En lo profundo de nuestros corazones yace un anhelo ancestral, un grito silencioso que clama por la libertad. Es el eco de nuestros antepasados, un llamado a despertar a nuestra verdadera esencia y a vivir en armonía con el universo. En este preludio, nos sumergimos en el mundo antiguo de los guías espirituales, donde dentro de los secretos de esta fuerza y conexión espiritual el poder de la medicina ancestral se entrelaza con la sabiduría de la naturaleza. Cerramos los ojos y nos dejamos llevar por la melodía de un rezo sagrado, un canto de gratitud y amor dedicado al Creador. Es la voz de todos los lectores que se unen en un solo eco, unidos en un deseo común de sanación y transformación. Este rezo es nuestro puente hacia la libertad, una expresión de nuestro compromiso con nosotros mismos y con el universo.

En cada palabra, en cada verso, encontramos un reflejo de nuestra propia búsqueda. Nos identificamos con la humildad de aquellos que vinieron antes que nosotros, con su amor y su respeto por la tierra y sus dones. A medida que avanzamos en este viaje, recordamos que somos parte de algo más grande, que nuestras acciones tienen un impacto en el mundo que nos rodea.

Este preludio es el comienzo de un viaje hacia la libertad interior, un recordatorio de que somos los arquitectos de nuestro destino. Con cada respiración, con cada paso, nos acercamos más a nuestra verdadera naturaleza, a la realización de nuestro potencial más elevado. Que este rezo sea nuestra guía, nuestra luz en la oscuridad, mientras navegamos por las aguas turbulentas de la vida hacia la tranquilidad y la plenitud.

Que así sea.

A lo largo de la historia, han quedado plasmados relatos como el siguiente:

En las profundidades de la selva, bajo el vasto cielo estrellado, antiguos guías espirituales se congregaban en círculo para elevar un rezo sagrado en un ancestral ritual. Con profunda reverencia y humildad, dirigían sus palabras al Gran Espíritu, al Creador de todo lo existente, con un mensaje que resonaba en lo más profundo de sus corazones y almas. Así como el nuestro, al encontrarnos a través de este libro que nos ha atraído a esta misma frecuencia energética, con el propósito común de despertar la conciencia y elevarnos a las alturas del séptimo plano, donde mora el amor incondicional del Creador.

En este rezo, compartiendo una visión colectiva de trascendencia, escuchamos nuestra voz interior que nos habla desde el corazón, ascendiendo vibracionalmente en esencia con el poder de la gratitud como base fundamental para este propósito.

"Gran Espíritu, creador de toda vida, escucha nuestras palabras y siente nuestros corazones. En este momento sagrado, nos dirigimos a ti con amor y gratitud por todas las bendiciones que nos has otorgado. Reconocemos tu presencia en cada aspecto de nuestra existencia y nos postramos ante tu grandeza con humildad y respeto.

En este rezo, unimos nuestras voces con las de todos nuestros hermanos y hermanas, en un grito de libertad y conexión. Pedimos que tu luz ilumine nuestro camino y que tu sabiduría guíe nuestros pasos. Que cada palabra que pronunciamos en este momento sagrado sea un reflejo de nuestra devoción hacia ti y hacia la vida misma.

Que este rezo sea un eco de los anhelos más profundos de nuestros corazones, un mensaje de amor y gratitud que se eleve hacia ti como una ofrenda de nuestras almas. Que en él se refleje nuestra conexión con la tierra, el cielo y todas las criaturas que habitan este mundo. En este acto sagrado, nos comprometemos a honrar en este tiempo y espacio con el compromiso y pacto que hicimos en ser nosotros la hoja verde del árbol seco en el linaje ancestral re verdeciendo y a seguir sus enseñanzas con respeto y gratitud. Que cada paso que demos en esta vida sea guiado por tu amor y sabiduría, y que cada decisión que tomemos refleje nuestra conexión contigo y con toda la creación.

Que así sea".

Con estas palabras, los guías concluían su rezo, sintiendo la presencia del Gran Espíritu en cada latido de sus corazones y en cada suspiro de sus almas. Se levantaban con renovado vigor y determinación, sabiendo que estaban en armonía con el universo y con ese ser supremo que nos abraza a través del tiempo y del espacio, siendo una conexión ancestral que nos guía en nuestro camino hacia la libertad y la trascendencia. Recibiendo como herencia las buenas obras que realizaron en vida. ¡Ahoo!

Bienvenido a "El Despertar Cuántico: Transforma tu Vida y Alcanza la Abundancia Infinita". En las páginas que tienes frente a ti, te seguirás embarcando en este viaje de autodescubrimiento y transformación que te lleva a explorar los misterios del universo y a desbloquear tu potencial ilimitado.

En este libro, nos vamos sumergiendo en los principios fundamentales de la física cuántica aplicados al desarrollo personal y al logro de metas. Vas Descubriendo cómo tus pensamientos y emociones tienen un impacto directo en la realidad que experimentas y aprendiendo a alinearlos con tus deseos más profundos.

A lo largo de estas páginas, vamos avanzando a través de poderosas técnicas y ejercicios prácticos que te ayudarán a liberar tus creencias limitantes, superando tus miedos y manifestando la vida que realmente deseas. Desde la visualización cuántica hasta la meditación guiada, cada herramienta te acercará un paso más a tu verdadero yo y a la realización de tus sueños más anhelados.

Este libro no es solo un manual de autoayuda, sino también un llamado a la acción. Te desafío a que te sumerjas en este viaje con mente abierta y corazón dispuesto, listo para explorar nuevas posibilidades y descubrir tu verdadero potencial.

Al final de este viaje, te sentirás inspirado, empoderado y listo dando el siguiente paso hacia una vida de plenitud y abundancia. ¡Que este libro sea el inicio de tu propio despertar cuántico! ¡Adelante, el universo está esperando que despliegues tus alas y vueles hacia tus sueños más grandes!

Introducción

Toque Cuántico del Rey Midas

En un reino lejano, existió una vez un hombre que poseía un don extraordinario: todo lo que tocaba se convertía en oro. Este hombre, conocido como el Rey Midas, era admirado por su riqueza y poder, pero también temido por la soledad que su don había traído a su vida.

A pesar de poseer todo el oro del mundo, el Rey Midas se sentía vacío por dentro. Su riqueza material no podía llenar el vacío en su corazón ni traerle la felicidad verdadera que tanto anhelaba.

Un día, en medio de su desesperación, el Rey Midas conoció a un sabio anciano que le reveló un secreto: la verdadera riqueza reside en el interior de cada ser humano. El sabio le enseñó al Rey Midas sobre la física cuántica y cómo nuestras creencias y pensamientos pueden moldear nuestra realidad.

Inspirado por estas enseñanzas, el Rey Midas comenzó un viaje de autodescubrimiento y transformación. Aprendió a alinear sus pensamientos con sus deseos más profundos y a manifestar una realidad llena de amor, abundancia y alegría.

Al final de su viaje, el Rey Midas descubrió que la verdadera riqueza no está en lo que tenemos, sino en quiénes somos. Su toque cuántico no solo convertía todo en oro, sino que también transformaba su vida y la de aquellos a su alrededor.

Esta historia nos recuerda que todos tenemos un toque cuántico dentro de nosotros, un poder para transformar nuestra realidad y manifestar nuestros sueños más grandes. Al igual que el Rey Midas, podemos aprender a utilizar este poder para crear una vida llena de amor, abundancia y alegría.

Prefacio

Mi propia historia sirve como testimonio de lo que puede suceder contigo. Así fue mi despertar, el Despertar de un Guerrero Cuántico.

En la tranquilidad del silencio de la noche, mientras el mundo dormía ajeno a su lucha interna, yo me enfrentaba una batalla silenciosa y profunda. Mi vida, marcada por las duras pruebas del destino, me llevó a un punto de quiebre, donde la oscuridad parecía abrazarme con firmeza. Nacido en un rincón olvidado del mundo, experimente desde niño la dureza de la vida. Perdiendo a mis padres a temprana edad me vi obligado a enfrentar el mundo solo y desprotegido. La adversidad me moldeó el carácter, forjando una determinación férrea y un deseo ardiente de encontrar significado en el caos que me rodeaba.

Pero fue en su momento más oscuro, cuando toque fondo en la desesperación y el dolor, encontré la luz que cambiaría mi vida para siempre. En medio de la oscuridad, descubrí las enseñanzas ancestrales que habían estado latentes en mi ser, esperando ser despertadas. Con valentía, me sumergí en el estudio de la física cuántica y la espiritualidad, encontrando en ellas las respuestas a las preguntas que me atormentaban. Comprendí que el universo, en su vasta complejidad, respondía a las vibraciones de mi propio ser, y que tenía el poder de transformar mi realidad a través de la conexión con mi ser interior.

Este libro es el fruto de la búsqueda, de una guía profunda y poderosa para aquellos que desean transformar sus vidas y alcanzar la plenitud. A través de mi proceso de vida, los invito a un viaje de autodescubrimiento y sanación, entendiendo que, incluso en los momentos más oscuros, la luz y la esperanza siempre están presentes, esperando ser encontradas.

Al igual que el Rey Midas, he experimentado mi propio viaje de transformación. De un origen humilde, descubrí desde joven mi pasión por ayudar a otros a alcanzar su máximo potencial. A través de años de estudio y práctica, integre los principios cuánticos en mi vida y en mi pasión como coach y conferencista cuántico inquebrantable.

Hoy en día, me voy dando a conocer internacionalmente como un líder de pensamiento en el campo del desarrollo personal y la transformación interior. Mi historia de superación y éxito han inspirado a miles de personas en todo el mundo a seguir sus sueños y a manifestar una vida de plenitud y realización.

Compartir mi historia y enseñanzas se ha convertido en mi propósito de vida, siendo un faro de luz para aquellos que buscan sanar y alcanzar una abundancia plena en todas las áreas de su existencia. Mi compromiso con la misión de ayudar a otros a despertar su potencial ha sido reconocido por mi pasión y dedicación, destacándome como uno de los mejores en mi campo. Mi objetivo es alcanzar mi máximo potencial y guiar a otros seres extraordinarios a descubrir su grandeza y hacer realidad sus sueños más ambiciosos.

Este libro, "El Toque Cuántico del Rey Midas: Descifrando los Secretos de la Riqueza Imparable", es un testimonio de la visión, la misión y el compromiso con la humanidad. A través de estas páginas, te invito a descubrir tu propio toque cuántico y a manifestar una vida de plenitud y abundancia. ¡Que este libro sea la llave que te abra las puertas hacia tu grandeza!

Instrucciones para la Lectura y Práctica de "El Toque Cuántico del Rey Midas"

Este libro es una herramienta poderosa para tu transformación personal y la manifestación de una vida abundante y plena. Para aprovechar al máximo su contenido, sigue estas instrucciones:

* Preparación para la Lectura:

* Encuentra un lugar tranquilo donde puedas leer sin distracciones.

* Dedica un momento a relajarte y centrarte antes de comenzar.

* Enfoque en la Lectura:

* Mientras lees, mantén la atención en el texto y en cómo se relaciona con tu vida. * Haz pausas para reflexionar sobre lo leído y conectarlo con tus experiencias.

* Meditación de Recuerdo: Después de leer un fragmento, cierra los ojos y respira profundamente. * Intenta recordar y visualizar las ideas principales del texto.

* Reflexión y Conexión: Reflexiona sobre cómo la información se relaciona contigo y tu vida.

* Haz anotaciones mentales o en un cuaderno para recordar tus reflexiones.

* Práctica Regular: Practica este método regularmente para mejorar tu capacidad de recordar mientras meditas.

* Integra los conceptos del libro en tu vida diaria para experimentar cambios significativos.

Al seguir estas instrucciones y comprometerte con la práctica regular, experimentarás cambios profundos en tu vida. Este libro es una fuente de conexión con tu poder interior y con las fuerzas universales que te guían hacia la abundancia y la realización personal.

¡Llamado la atención!

Resalto nuevamente aquí (muy importante), como representación central de este libro, como una creación perfecta y ascendente para tus resultados:

La espada mágica, legado ancestral para ti, la insignia que nos une como un todo, evidencia de ser los creadores de nuestra propia realidad.

"Ritual sumamente poderoso imprescindible para obtener los mejores resultados prometidos en el libro de Sanación Cuántica" y "Preparación para la Transformación de la Vibración Interior".

Antes de adentrarnos en los primeros capítulos, vamos a limpiar las interferencias inconscientes mediante este proceso:

La Espada Cuántica Excalibur, herencia del Rey Midas

Empezamos explorando esta poderosa técnica utilizada por el maestro elevado Jesús para sanar a través de las manos, que se extiende a lo largo de la humanidad desde la creación de las leyes universales y las energías que nos conectan con el Creador a través del campo cuántico, manifestándose en diversas representaciones como la matrix, el prana y el éter, con conexión del entrelazamiento cuántico epigenético ancestral que se transmite de generación en generación a lo largo de la historia. En este caso, se presenta como la Espada Cuántica Excalibur, pasando de generación en generación entre los más grandes reyes. Esta técnica combina la visualización creativa con la energía universal para manifestar deseos y superar obstáculos en la vida.

Cuenta la leyenda que hace siglos, en la mística tierra de Camelot, se forjó una espada especial conocida como Excalibur. Esta espada, imbuida con poderes mágicos, fue legada al Rey Arturo, pero su verdadero poder se reveló cuando llegó a manos del Rey Midas, pasando de generación en generación hasta ahora que se revelan los secretos de cómo, a lo largo de todos los tiempos, este símbolo te llega a ti a través del maestro espiritual que sanaba, solicitando al Creador que la uses de manera responsable para tu mayor bien y el de toda la humanidad, en el nivel más elevado.

Explicación de la Técnica

La Espada Cuántica Excalibur es una herramienta simbólica que representa nuestro poder interno para transformar la realidad. En conexión con el Creador y guiada por maestros ascendidos como Jesús, quien sanaba a las personas, su legado perdura a lo largo de la historia. Al adentrarnos en este libro, podemos utilizar esta espada para cortar nuestras limitaciones y manifestar nuestros deseos más profundos.

Técnica

Pasos a seguir:

1. Preparación: Junta los dedos índice y medio de tu mano izquierda formando una figura de espada y cierra los ojos. Respira profundamente varias veces para relajarte.

2. Visualización: Imagina una espada dorada brillante frente a ti. Siente su peso y su energía poderosa.

3. Energía y Decretos: Mientras mantienes los dedos juntos, eleva tu mano y haz un movimiento de corte energético de arriba hacia abajo, repitiendo en voz alta o en tu mente decretos poderosos como "Soy abundante en todos

los aspectos de mi vida" y "Tengo el poder de manifestar mis deseos".

4. Activación de la Intuición: Lleva la espada hacia tu frente (entrecejo), tocándola con tus dos dedos, visualizando cómo la energía activa tu intuición y claridad mental.

5. Llenar de Amor: Dirige la espada hacia tu corazón, sintiendo cómo la energía llena tu órgano más elevado de amor y gratitud.

6. Fortaleza y Determinación: Lleva la mano con los dedos unidos hacia tu estómago, sintiendo cómo la energía fluye hacia esa área, llenándote de fuerza y determinación.

7. Integración y Agradecimiento: Concluye la técnica con tu mano hacia arriba, sintiendo cómo la energía de tus dedos se integra en todo tu ser, agradeciendo por todo lo que has recibido y por lo que estás a punto de manifestar en tu vida.

Conclusión

La Espada Cuántica Excalibur, representada por la unión de tus dedos índice y medio, es una técnica transformadora si la practicas con fe y determinación. Al descubrir estos secretos, comprenderás que tienes el poder de manifestar tus deseos más profundos y superar cualquier obstáculo en tu camino hacia la plenitud y la abundancia.

Ritual Vibracional: Alimentando la Manifestación Cuántica con el Elixir de los Dioses

En las tierras antiguas, se decía que los dioses se nutrían de alimentos sagrados, cuyas vibraciones elevaban sus seres a planos superiores. Los reyes, inspirados por esta creencia, adoptaron hábitos alimenticios que los conectaban con lo divino. Incluso los más humildes, en su simplicidad, encontraban la esencia de la vida en los alimentos naturales que la tierra les brindaba.

En los confines del tiempo, en la era de la información, se desvelan los velos de antiguos saberes que aguardan ser redescubiertos. Como los alquimistas de antaño, buscamos la fórmula que transforme lo común en oro, lo ordinario en extraordinario. En esta búsqueda, nos adentramos en el misterioso mundo del Elixir Cuántico del Rey Midas.

En las palabras de los antiguos, encontramos la sabiduría que resuena con la verdad eterna: la importancia de honrar nuestros cuerpos con alimentos vibrantes, descansar en paz y armonía, y mover nuestros cuerpos con intención y gracia. Estos principios, grabados en las estrellas y en lo profundo de nuestro ser, nos guían hacia la abundancia y la prosperidad.

El Elixir Cuántico del Rey Midas nos invita a una danza cósmica, donde cada movimiento está impregnado de significado. Alimentamos nuestra mente y cuerpo con la esencia de la vida, permitiendo que la energía fluya a través de nosotros en perfecta armonía con el universo. Nos convertimos en un canal abierto para la manifestación de nuestros deseos más profundos. Este elixir nos recuerda que somos parte de un todo mayor, que nuestra existencia está entrelazada con la del universo. Nos enseña a manifestar nuestra realidad con pensamientos y acciones conscientes, alineados con la vibración de la abundancia y la prosperidad.

Así, nos sumergimos en la antigua ciencia de la alquimia, donde el arte de transformar lo ordinario en extraordinario se convierte en una realidad palpable. Nos convertimos en alquimistas de nuestra propia vida, manifestando la abundancia en todas sus formas. Que este relato resuene en tu corazón y despierte en ti el deseo de explorar el misterioso mundo del Elixir Cuántico del Rey Midas. Que encuentres en él la clave para transformar tu vida y despertar la abundancia interior que siempre has deseado.

Imagina un festín donde cada bocado es una ceremonia, donde la comida es más que sustento, es una conexión con el universo mismo. Cada fruta, cada verdura, cada hierba es un mensaje del cosmos, una vibración que eleva tu ser y lo sincroniza con la abundancia infinita que te rodea.

Hoy, te invito a reflexionar sobre tu alimentación y cómo puede convertirse en un acto sagrado. ¿Qué mensaje estás enviando a tu cuerpo y al universo con cada comida que ingieres? ¿Estás alimentando tu cuerpo y tu espíritu con la vibración adecuada para manifestar tus sueños más profundos?

Te propongo una hoja de trabajo que te ayudará a explorar tus hábitos alimenticios y a hacer ajustes para elevar tu frecuencia vibracional. Reflexiona sobre los alimentos que consumes regularmente y cómo te hacen sentir. ¿Te llenan de energía y vitalidad o te hacen sentir pesado y cansado?

Después, te guiaré en una meditación profunda para que te conectes con tus órganos internos y les envíes luz amor incondicional y sanación. Visualiza la luz divina llenando cada célula de tu cuerpo, restaurando la armonía y el equilibrio. Siente cómo cada bocado de comida saludable fortalece esta conexión, creando un ciclo de nutrición y sanación que se irradia hacia tu familia y las generaciones futuras.

Que este capítulo sea el inicio de una nueva relación con los nutrientes, donde cada elección saludable no solo alimente tu cuerpo, sino también tu espíritu. Que cada ingestión sea un acto consciente de amor hacia ti mismo y hacia el universo, manifestando la salud, la abundancia y el amor en tu vida y en la de aquellos que te rodean.

Preparación para la Elevación y Conexión

En esta guía vamos a adentrarnos en la Meditación de Trascendencia Universal, incorporando las técnicas de los grandes maestros de la historia en la búsqueda de la elevación humana. Estas técnicas te llevarán a través de una profunda experiencia de conexión con la energía universal, combinando métodos de sanación tanto ancestrales como modernos en un ritual poderoso de trascendencia humana.

Paso 1: Preparación

Busca un lugar tranquilo donde puedas sentarte o recostarte cómodamente. Cierra los ojos y respira profundamente varias veces para relajarte.

Paso 2: Invocando la Energía Universal

Visualiza una luz brillante y cálida descendiendo sobre ti desde el universo. Siente cómo esta luz llena todo tu ser, sanando cada célula y renovando tu espíritu.

Paso 3: Conexión con la Tierra

Siente tus pies enraizados en la tierra, conectándote con su energía estable y nutritiva. Deja que esta conexión te llene de fuerza y vitalidad.

Paso 4: Intención de Sanación

Establece tu intención de sanar cualquier aspecto de tu vida que necesite atención. Puedes enfocarte en la sanación física, emocional o espiritual.

Paso 5: Canalización de la Energía

Imagina que eres un canal abierto para la energía universal. Siente cómo fluye a través de ti, llevando sanación y transformación a cada parte de tu ser.

Paso 6: Agradecimiento y Cierre

Al concluir la meditación, agradece a los maestros ancestrales y modernos por su guía y sabiduría. Siente profunda gratitud por la experiencia de sanación que has recibido.

Hoja de Trabajo: Reflexiones y Compromisos

Después de la meditación, completa la hoja de trabajo adjunta. Reflexiona sobre tu experiencia y comprométete a integrar la energía y la sanación recibidas en tu vida diaria.

Esta meditación te invita a abrirte a la trascendencia humana y a la profunda sanación que proviene de la conexión con la energía universal. Permítete experimentar esta transformación poderosa y avanzar hacia una vida de plenitud y bienestar.

Capítulo introductorio:

El Desdoblamiento de tu Yo Cuántico del Futuro y el Reencuentro de tu Ser para la Manifestación

En este capítulo, nos sumergiremos en una aventura única hacia la realización de tus sueños más profundos. Te guiaré en un viaje a través del tiempo y el espacio, para que te conviertas en el protagonista de esta experiencia extraordinaria. Comencemos visualizando que estás en un lugar donde tus deseos se hacen realidad; de repente, se abre un portal interdimensional frente a ti y emerge tu yo espejo cuántico del futuro. Te adentras en un camino iluminado por la luz de tus sueños. Cada paso te acerca más a tu futuro ideal, donde todo es posible. Siente la emoción de vivir esa realidad en este momento, experimentando cada detalle como si ya fuera tangible.

A medida que avanzas, permite que tu imaginación vuele libremente. Imagina un futuro donde has alcanzado tus metas más anheladas. Visualiza tu familia, tu hogar, el amor y la realización en todas las áreas de tu vida. Sumérgete en esa realidad, con el deseo ardiente de tu corazón manteniéndote en ese espacio. De repente, observas cómo tu yo cuántico se conecta a través del tiempo y el espacio, hablándote y guiándote hacia tu pasado.

Tu atención es llamada para retroceder en el tiempo y mirar hacia atrás con compasión y perdón. Observa esos momentos de duda, pero esta vez desde una perspectiva de amor y aprendizaje. Agradece cada experiencia y obstáculo que te ha moldeado. Visualiza las experiencias que te han hecho sentir desmerecedor y abraza esas emociones, reconfortándote con la certeza de que todo estará bien.

Continúa avanzando, dejando salir esas emociones guardadas, transformándolas con cada latido de tu corazón y fortaleciendo tu creencia en ti mismo. Al regresar al presente, lleva contigo la certeza de que mereces todo lo bueno que la vida tiene para ofrecer. Eres el creador de tu realidad y tienes el poder de manifestar tus sueños más grandes.

Al finalizar este capítulo, sientes cómo has avanzado sin darte cuenta, guiado por tu propio yo cuántico a través de esta experiencia increíble.

Te invito a realizar una meditación para consolidar lo aprendido. Cierra los ojos y visualiza tu futuro ideal, integrando este poderoso proceso en tu ser:

* Respira profundamente tres veces.

* Visualiza tu futuro ideal, tal como lo has hecho anteriormente, y siente con todo tu ser.

* Retrocede en el tiempo y observa tu vida pasada; abraza a tu niño interior y recuérdale su valía.

* Regresa al presente, sintiendo la certeza de que mereces todo lo bueno.

* Abre los ojos y declara la realidad que ya es, con agradecimiento. Experimenta la emoción y la gratitud al volverse realidad.

* Siente cómo cada célula de tu ser se alinea con este nuevo yo, vibrando en la frecuencia de la abundancia y la realización.

¡Que este proceso te conduzca a la realización de tus más grandes sueños!

"Despierta tu potencial cuántico y transforma tu realidad en una de abundancia ilimitada."

Capítulo I:
El Toque Cuántico del Rey Midas
La Conexión Universal

En este emocionante capítulo, nos sumergimos en la esencia misma del libro "El Toque Cuántico del Rey Midas". Exploraremos la conexión entre nuestro ser interior y el universo, descubriendo cómo esta conexión puede transformar nuestra realidad y llevarnos a la realización de nuestros sueños más profundos.

Meditación Guiada: La Fusión Cuántica

Cierra los ojos y entra en un estado de profunda relajación. Visualiza una luz brillante y cálida que desciende sobre ti desde el universo. Esta luz representa la conexión universal que une toda la creación. Siente cómo esta luz entra en tu ser, llenándote de una sensación de paz y plenitud.

A medida que te sumerges en esta luz, comienza a visualizar tus sueños más grandes y audaces. Permítete sentir la certeza de que estos sueños ya son una realidad en el universo cuántico. Siente cómo la energía de tus sueños se manifiesta a tu alrededor, creando un campo de posibilidades infinitas a tu alrededor.

Hoja de Trabajo: El Despertar de la Conciencia

* Haz una lista detallada de tus sueños más profundos y apasionados. Visualízalos como si ya fueran una realidad en tu vida.

* Identifica cualquier creencia limitante que pueda estar bloqueando la manifestación de tus sueños. Luego, reemplaza estas creencias con afirmaciones poderosas y positivas.

* Comprométete a tomar al menos una acción concreta cada día que te acerque a la realización de tus sueños. Mantén un registro de tus progresos y celebra cada logro, por pequeño que sea.

* Visualiza tu vida ideal en detalle, incluyendo todos los aspectos: salud, relaciones, carrera, etc. Siente la emoción de vivir esta vida ideal en el presente.

* Finaliza la hoja de trabajo con una afirmación poderosa que resuma tu compromiso con la manifestación de tus sueños. Repite esta afirmación todos los días con convicción y fe.

Esta meditación y hoja de trabajo te invito a conectar con la energía universal y a alinear tu ser con la abundancia y la plenitud que ya existen en el universo. ¡Prepárate para experimentar una transformación profunda y duradera en tu vida!

El Toque Cuántico del Rey Midas

"Sincroniza tu energía con el universo
y atrae la abundancia cósmica a tu vida."

Capítulo II:
Sanación Ancestral Cuántica

En este capítulo, nos sumergiremos en un viaje de sanación ancestral cuántica. Te invito a abrir tu corazón y tu mente a nuevas posibilidades mientras exploramos la conexión entre tu pasado ancestral y tu presente.

Imagina que estás en un lugar sagrado, rodeado de la energía de tus antepasados. Siente su presencia a tu alrededor, guiándote y apoyándote en este proceso de sanación. Conecta con su sabiduría ancestral y permite que su amor y su luz te envuelvan.

Ahora, visualiza a tus antepasados frente a ti, en un círculo de luz y amor. Observa sus rostros y siente su presencia amorosa. Con cada respiración, envía amor y gratitud a tus antepasados por todo lo que te han dado y por el legado que te han dejado.

En este espacio sagrado, libera cualquier carga o herida ancestral que puedas llevar contigo. Perdona a aquellos que te hayan hecho daño y perdónate a ti mismo por cualquier culpa o resentimiento que puedas sentir. Permite que la energía de amor y perdón fluya libremente a través de ti, sanando cualquier lazo de dolor o sufrimiento.

Al finalizar este proceso, siente la ligereza y la paz que viene con la liberación de las cargas del pasado. Siente la conexión profunda con tus antepasados y la gratitud por todo lo que te han dado. Confía en que has realizado una sanación profunda y duradera en tu linaje ancestral.

Te invito a que, al terminar esta lectura, cierres los ojos y te sumerjas en la meditación que te llevará a integrar esta sanación ancestral cuántica en tu vida diaria. Que esta experiencia te lleve a un nuevo nivel de paz, amor y conexión con tus raíces.

"Dirige tu intención hacia la riqueza y manifiesta tus sueños con poderosa certeza."

Capítulo III:
La Sincronización Universal

En este capítulo, nos sumergimos en la vibración universal y en el entrelazamiento cuántico que nos conecta con los grandes maestros de la historia. A través de la fusión de la ciencia y la espiritualidad, exploramos el legado universal que han dejado para la humanidad y cómo podemos alinear nuestras vidas con sus enseñanzas.

Comenzamos recordando que somos seres vibracionales, y que nuestras vibraciones afectan directamente a nuestro entorno y a las experiencias que atraemos. Al elevar nuestra vibración y sintonizarnos con la frecuencia del amor y la gratitud, podemos atraer hacia nosotros las mismas experiencias y resultados que los grandes maestros han logrado.

Continuamos explorando el entrelazamiento cuántico, que nos enseña que estamos interconectados con todo en el universo. Al comprender esta conexión profunda, podemos utilizarla para manifestar nuestros deseos más profundos y alinear nuestras acciones con la energía creativa del cosmos.

En la meditación guiada, nos sumergimos en la vibración de los maestros cuánticos. Visualizamos cómo su sabiduría y su amor fluyen a través de nosotros, guiándonos en nuestro camino hacia la realización personal y la conexión con la fuente universal de todo.

Finalmente, nos comprometemos a honrar el legado de los maestros cuánticos, aplicando sus enseñanzas en nuestra vida diaria y compartiéndolas con los demás. Reconocemos que somos parte de algo mucho más grande que nosotros mismos, y que, al alinearnos con la vibración universal, podemos lograr resultados extraordinarios en todas las áreas de nuestra vida. Concluimos este capítulo con gratitud y alegría, sabiendo que estamos en el camino hacia la realización de nuestro potencial más elevado. Confiamos en que, al integrar la ciencia y la espiritualidad, podemos crear un mundo más amoroso, compasivo y abundante para todos.

"Utiliza la física cuántica para crear una realidad financiera que refleje tu potencial ilimitado."

El Toque Cuántico del Rey Midas

Capítulo IV:
Despierta tu Potencial Cuántico

En este capítulo, exploraremos los fundamentos de la física cuántica aplicados al desarrollo personal y al logro de metas. Te invito a un viaje de autodescubrimiento y transformación, donde aprenderás a utilizar los principios cuánticos para manifestar la vida que deseas.

Introducción a la Física Cuántica

La física cuántica es la rama de la física que se enfoca en el estudio del comportamiento de las partículas subatómicas. En el mundo cuántico, las reglas difieren de las de la física clásica. Las partículas pueden existir en múltiples ubicaciones simultáneamente, y la simple observación puede alterar el resultado de un experimento.

El Poder de la Mente

Nuestra mente es una herramienta poderosa que puede influir en nuestra realidad. La física cuántica nos enseña que nuestros pensamientos y emociones tienen un impacto directo en el mundo que nos rodea. Al comprender y dominar nuestra mente, podemos cambiar nuestra realidad.

Creando tu Realidad

Uno de los principios fundamentales de la física cuántica es que la realidad se crea a través de la observación. Esto significa que tus pensamientos y creencias influyen en la realidad que experimentas. Aprender a alinear tus pensamientos con tus deseos te permitirá manifestar la vida que deseas.

Ejercicio Práctico: Visualización Cuántica

Encuentra un lugar tranquilo donde puedas sentarte cómodamente sin ser interrumpido. Cierra los ojos y comienza a respirar profundamente.

Visualiza claramente la realidad que deseas manifestar. Siente las emociones positivas asociadas con esa realidad.

Mantén esta visualización el mayor tiempo posible, sintiendo como si ya fuera real.

Hoja de Trabajo: Mis Creencias Limitantes

Espacio de acción.

En una hoja enumera las creencias que tienes sobre ti y tu realidad actual e Identifica aquellas creencias que te limitan o te impiden alcanzar tus metas.

Después de que hayas completado la hoja, deshazte de ella.

En la hoja de trabajo del libro escribe una nueva creencia positiva que te gustaría adoptar en lugar de la creencia limitante y toma acción.

"Cuando comencé a aplicar estos métodos y principios de la física cuántica en mi vida, experimenté cambios asombrosos. Aprendí a controlar mis pensamientos y emociones, y esto se reflejó en mi realidad. Ahora, vivo la vida de mis sueños y sé que el potencial cuántico está dentro de cada uno de nosotros."

Con la herramienta que he proporcionado en este capítulo, te he guiado e inspirado para explorar tu potencial cuántico y manifestar la vida que deseas. Recuerda, el poder está en ti. ¡Adelante y haz que tus sueños se hagan realidad!

"Armoniza tu mente y cuerpo para atraer la prosperidad física, emocional y financiera."

El Toque Cuántico del Rey Midas

Capítulo V:
El Salto Cuántico

En este capítulo, vamos a profundizar en el concepto del "Salto Cuántico" y cómo puedes aplicarlo en tu vida para lograr cambios significativos y transformadores. Aprenderás a identificar las áreas de tu vida en las que deseas hacer un cambio y a dar el salto cuántico necesario para lograrlo.

Exploraremos el concepto del campo cuántico, abordándolo de manera general como una matriz de energía que conecta toda la existencia y enfatizando su relación con la capacidad de manifestar la realidad.

Según la física cuántica, todo en el universo está compuesto de partículas subatómicas que, en su nivel más fundamental, son patrones de energía. Estos patrones interactúan entre sí y con el campo cuántico, que es como un "océano" de energía que impregna el universo.

Nuestros pensamientos y emociones también son formas de energía que interactúan con el campo cuántico. Se plantea la idea de que al alinear nuestros pensamientos y emociones con lo que deseamos manifestar, podemos influir en el campo cuántico y, por ende, en la realidad que experimentamos.

Esta idea no es nueva y ha sido explorada por diversas culturas y filosofías a lo largo de la historia. Es importante destacar que, aunque la física cuántica puede resultar compleja, su aplicación práctica en nuestra vida diaria puede ser transformadora, permitiéndonos dar un salto cuántico en nuestra forma de vivir y experimentar la realidad.

Hoja en blanco

Comienza por hacer una lista de las áreas de tu vida en las que sientes que puedes mejorar o hacer un cambio significativo. Esto puede incluir tu salud, tus relaciones, tu carrera o cualquier otro aspecto importante para ti.

Meditación de visualización En tu propio tiempo y espacio

Pon una música de meditación, relájate, toma una respiración profunda, enfócate en tu respiración y comienza a visualizar tu Salto hacia el Campo Cuántico y conectándote a en ese espacio que quieres alcanzar.

Una vez que hayas identificado las áreas de transformación, visualiza cómo sería tu vida si ya hubieras logrado esos cambios. Siente las emociones positivas asociadas con esa realidad y mantén esa imagen en tu mente y antes de abrir tus ojos, toma una respiración profunda y abre tus ojos.

Tomando Acción

El siguiente paso es tomar medidas concretas hacia la realización de tu visión. Esto puede implicar la adopción de nuevos hábitos, la búsqueda de nuevas oportunidades o la eliminación de cosas que te limitan.

Espacio de trabajo

Hoja en blanco

Ejercicio Práctico: Carta desde el Futuro

Escribe una carta a ti mismo desde el futuro, describiendo cómo es tu vida después de haber dado el salto cuántico en las áreas que identificaste. Describe en detalle cómo te sientes, qué has logrado y cómo has cambiado como persona.

Plasma tu revelación del yo superior y manifiesta que ya eres. Crea un plan de acción detallado, inspirado en la meditación, y sigue paso a paso hacia tu salto cuántico. Utiliza tu creatividad para visualizar y diseñar tu futuro en las 8 áreas de la vida, como si ya fuera una realidad presente. Sigue el camino trazado por tu yo del futuro, guiado por la meditación previa. Materializa este camino con acciones concretas que debes tomar para alcanzar tus sueños. Sigue estos pasos para establecer y avanzar hacia tu futuro extraordinario, basándote en la meditación anterior.

"Cuando decidí dar el salto cuántico en mi carrera, tuve que enfrentar muchos miedos y dudas. Pero al visualizar mi éxito y tomar medidas consistentes, logré alcanzar mis metas y más allá. El salto cuántico cambió mi vida para siempre."

Recuerda, el salto cuántico es un proceso continuo de crecimiento y transformación. Con determinación y enfoque, puedes lograr cambios sorprendentes en tu vida. ¡Sigue adelante y haz tu salto cuántico hoy mismo!

"Visualiza tu éxito financiero y materializa tus metas con la fuerza de tu imaginación."

El Toque Cuántico del Rey Midas

Capítulo VI:
Liberando el Potencial Cuántico en tus Relaciones

En este capítulo, exploraremos cómo la física cuántica puede transformar tus relaciones personales y profesionales. Aprenderás a liberar tu potencial cuántico para mejorar tus conexiones con los demás y crear relaciones más profundas y significativas.

Entendiendo la Naturaleza Cuántica de las Relaciones

En el mundo cuántico, todo está interconectado y en constante cambio. Esto se aplica también a nuestras relaciones, que están influenciadas por nuestras energías y pensamientos. Al comprender esta naturaleza cuántica, podemos mejorar nuestras relaciones de manera significativa.

Sanando Relaciones Pasadas

Muchas veces, las relaciones pasadas pueden dejarnos heridas emocionales que afectan nuestras relaciones presentes. A través de técnicas cuánticas de sanación, podemos liberar estas heridas y abrirnos a nuevas y más saludables formas de relacionarnos.

Creando Conexiones Cuánticas

Una vez que hemos sanado nuestras heridas y comprendido la naturaleza cuántica de las relaciones, podemos comenzar a crear conexiones cuánticas con los demás. Esto implica estar presentes en nuestras interacciones, comunicarnos de manera auténtica y abrirnos a la conexión con el otro a un nivel más profundo. sumergiéndonos en el fascinante mundo del campo unificado, todo en el universo está interconectado en un nivel fundamental, lo que significa que nuestras acciones y pensamientos en una relación pueden influir en otras áreas de nuestra vida y en el mundo que nos rodea.

Adentrados en el concepto de la "mente maestra" se sugiere que al unirnos con otras personas que comparten objetivos similares, creamos un campo de energía que potencia nuestras capacidades individuales. Esta idea resonó profundamente en mí, ya que refleja cómo nuestras relaciones pueden ser una fuente poderosa de apoyo y crecimiento mutuo.

Explora cómo nuestras creencias y patrones mentales afectan nuestras relaciones y cómo podemos utilizar herramientas como la visualización y la afirmación positiva para mejorarlas y la importancia de mantener una mentalidad abierta y receptiva en nuestras interacciones, ya que esto puede permitirnos conectarnos más profundamente con los demás y con el campo unificado en general.

Ejercicio Práctico: Meditación de Conexión Cuántica

Encuentra un lugar tranquilo donde puedas sentarte cómodamente sin ser interrumpido. Cierra los ojos y comienza a respirar profundamente, centrándote en tu respiración. Imagina una luz brillante que emana de tu corazón y se extiende hacia las personas con las que deseas conectarte.

Visualiza cómo esa luz se une con la luz de los demás, creando una red de energía positiva y amorosa que te conecta con ellos.

Hoja de Trabajo: Patrones de Relación

Reflexiona sobre tus patrones de relación pasados y presentes. Identifica aquellos patrones que te han limitado o causado dificultades en tus relaciones.

Escribe una nueva forma de relacionarte que te gustaría adoptar, basada en la comprensión cuántica de las relaciones.

"Cuando empecé a aplicar los principios cuánticos en mis relaciones, noté un cambio profundo. Mis conexiones se volvieron más auténticas y significativas, y pude sanar relaciones pasadas que me habían causado dolor. La física cuántica me enseñó que nuestras relaciones están llenas de posibilidades infinitas, y ahora veo a cada persona como un universo en sí mismo."

Espero que este capítulo te inspire a explorar el potencial cuántico en tus relaciones y a crear conexiones más profundas y significativas con los demás. Recuerda, cada interacción es una oportunidad para crecer y aprender más sobre ti mismo y los demás. ¡Sigue adelante y crea relaciones cuánticas en tu vida!

El Toque Cuántico del Rey Midas

"Libérate del miedo y permite que
el amor atraiga la abundancia a tu vida."

Capítulo VII:
Abundancia Cuántica

En este capítulo, exploramos la fascinante noción de abundancia desde una perspectiva cuántica, Comenzamos sumergiéndonos en las leyes que revelan los principios universales que gobiernan la realidad. Estas leyes, como la Ley de Mentalismo y la Ley de Correspondencia, nos muestran cómo nuestros pensamientos y creencias influyen en nuestra experiencia de abundancia.

Desde esta base, adentrémonos en el concepto de abundancia cuántica. Aquí, la abundancia no es simplemente un estado material externo, sino que se trata de una vibración interna que se manifiesta en nuestro entorno. A través de la conexión con el campo cuántico, reconocemos que la verdadera abundancia ya está presente en nuestras vidas diseñadas para alinear nuestras mentes y corazones con esta abundancia infinita. La práctica de la gratitud y el desapego se presentan como herramientas esenciales para abrirnos a recibir más en nuestras vidas desde esta comprensión de la abundancia y conciencia cuántica transformando radicalmente nuestra realidad. Desbloqueando tu Prosperidad Interior adentrándonos en el mundo de la abundancia cuántica atrayendo la riqueza en todas las áreas de tu vida alineando tus pensamientos, emociones y acciones manifestando la vida próspera que deseas desde la naturaleza de la abundancia universal infinita y que todos tenemos acceso a esa abundancia. Al comprender esta verdad, podemos liberar los bloqueos mentales y emocionales que nos impiden experimentar la abundancia en nuestras vidas.

Y como complemento, se encuentran estas leyes que revelan los principios universales que rigen la realidad. Son leyes como la del Mentalismo y la de Correspondencia las que nos muestran cómo nuestros pensamientos y creencias influyen en nuestra experiencia de abundancia.

Superando Creencias Limitantes

A menudo, nuestras creencias sobre el dinero y la abundancia nos limitan en nuestra capacidad para atraer riqueza. A través de técnicas cuánticas de desbloqueo, podemos identificar y cambiar estas creencias limitantes para permitir la entrada de la abundancia en nuestras vidas.

Alineando tus Energías con la Abundancia

La física cuántica nos enseña que nuestras energías y vibraciones afectan directamente lo que atraemos en nuestras vidas. Durante este proceso y técnica, aprenderás a elevar tus vibraciones a través de prácticas como la gratitud, la visualización y la afirmación, alineando así tus energías con la abundancia universal.

Ejercicio Práctico: La Rueda de la Abundancia

Dibuja una rueda en un papel y divídela en secciones para cada área de tu vida donde deseas experimentar abundancia.

En cada sección, escribe afirmaciones positivas y poderosas relacionadas con la abundancia en esa área.

Visualiza la rueda girando con facilidad y fluidez, manifestando la abundancia en todas las áreas de tu vida.

Hoja de Trabajo: Creando tu Mantra de Abundancia

Escribe un mantra o afirmación poderosa que refleje tu creencia en la abundancia ilimitada del universo.

Repítelo diariamente para programar tu mente subconsciente y alinear tus energías con la abundancia.

"Cuando comencé a practicar la abundancia cuántica, mi vida cambió por completo. Dejé de preocuparme por el dinero y empecé a confiar en la abundancia del universo. Ahora, experimento la prosperidad en todas las áreas de mi vida y sé que el potencial cuántico está dentro de cada uno de nosotros."

Espero que este capítulo te inspire a desbloquear tu prosperidad interior y a experimentar la abundancia en todas las áreas de tu vida. Recuerda, la abundancia es tu derecho de nacimiento, y alineándote con ella, puedes crear la vida próspera que deseas. ¡Adelante y desbloquea tu abundancia cuántica!

"Actúa en consonancia con la ley de atracción y atrae las oportunidades financieras hacia ti."

Capítulo VIII:
Transformación Radical a través de la Acción

En este capítulo, te invito a explorar el poder transformador de la acción decidida, enfocada e inspirada. Sumérgete y toma conciencia de cómo las decisiones audaces y la ejecución implacable de tus objetivos te conducirán a niveles inimaginables de éxito y realización personal.

Comienza examinando la importancia de establecer metas claras y específicas. Sigue el enfoque de tu visión y aprende a definir metas desafiantes pero alcanzables, estableciendo un plan de acción concreto para alcanzarlas.

Adéntrate en el concepto de asumir responsabilidad total por tu propia vida, siguiendo la intuición de tu brújula interior para eliminar todo lo que interfiera y te impida alcanzar tu grandeza. Reconoce los detonantes y creencias limitantes arraigados en la mente, conocidos como los virus mentales y las interferencias inconscientes. Por ejemplo, la creencia de "la culpa es mía" puede tomar el control de nuestras circunstancias y obstaculizar nuestra determinación para superar los desafíos.

Aborda también los bloqueos relacionados con el miedo al fracaso, aprendiendo a superarlos mediante la acción deliberada. Crea nuevas herramientas para ver el fracaso como un paso necesario hacia el éxito y utilízalo como un trampolín para el crecimiento personal.

Finalmente, realiza ejercicios prácticos de empoderamiento y reflexión, meditando y modelando las acciones de tus figuras exitosas admiradas para alcanzar resultados auténticos y originales. Implementa estos conceptos en tu vida diaria, desde una nueva perspectiva de metas hasta la planificación estratégica, brindándote herramientas efectivas para convertir la visión en acción.

En resumen, en este capítulo exploramos cómo las decisiones audaces, la asunción de responsabilidad y la acción enfocada pueden llevarnos a logros extraordinarios. Inspírate en las enseñanzas de quienes admiramos como modelos a seguir y desarrolla tu máximo potencial para transformar radicalmente tus vidas a través de la acción decidida y enfocada.

"Reconoce que la abundancia es tu estado natural y permite que fluya libremente hacia ti."

Capítulo IX:
Transformando Creencias Limitantes en Creencias Potenciadoras

En este capítulo, exploraremos cómo identificar y transformar las creencias limitantes que pueden estar bloqueando tu camino hacia el éxito y la realización personal. Aprenderás técnicas prácticas para cambiar estas creencias por otras más potenciadoras que te impulsen hacia tus metas y sueños.

Identificación de Creencias Limitantes

Las creencias limitantes son ideas o pensamientos que tenemos sobre nosotros mismos o sobre el mundo que nos rodea, que nos impiden alcanzar nuestro máximo potencial. Es importante identificar estas creencias para poder transformarlas.

Ejercicio: Hoja de Creencias Limitantes

Haz una lista de las creencias que tienes sobre ti mismo y sobre tu capacidad para alcanzar tus metas.

Identifica aquellas creencias que te limitan o te hacen sentir inseguro.

Transformación de Creencias Limitantes

Una vez identificadas las creencias limitantes, es hora de transformarlas. Puedes hacerlo reemplazándolas por creencias potenciadoras que te impulsen hacia adelante. Por ejemplo, si crees que "no eres lo suficientemente bueno", puedes reemplazar esa creencia por "soy capaz de lograr cualquier cosa que me proponga".

Ejercicio: Transformación de Creencias

Escribe una nueva creencia potenciadora en lugar de cada una de tus creencias limitantes identificadas.

Visualízate viviendo esa nueva creencia y sintiendo las emociones positivas asociadas con ella.

Meditación: Liberación de Creencias Limitantes

Cierra los ojos y concéntrate en tu respiración.

Imagina que estás rodeado por una luz brillante que representa tus nuevas creencias potenciadoras.

Deja que esta luz penetre en tu ser, disolviendo todas las creencias limitantes y llenándote de confianza y poder.

"Cuando comencé a trabajar en mis creencias limitantes, descubrí un mundo de posibilidades que nunca antes había considerado. Al transformar esas creencias por otras más potenciadoras, mi vida dio un giro de 180 grados y ahora estoy más cerca que nunca de alcanzar mis metas y sueños."

Espero que este capítulo te ayude a identificar y transformar tus creencias limitantes en creencias potenciadoras que te impulsen hacia tus metas y sueños. Recuerda, el poder de cambiar está en tus manos. ¡Adelante y transforma tu realidad!

"Cultiva la gratitud y abre las puertas a una vida de abundancia y prosperidad."

Capítulo X:
De las Relaciones

En este capítulo, exploraremos cómo aplicar los principios cuánticos al ámbito de las relaciones humanas. Descubriremos cómo sanar las heridas emocionales, mejorar la comunicación y crear conexiones profundas y significativas.

Sanando Relaciones Pasadas

* Reflexiona sobre las relaciones pasadas que te han dejado heridas emocionales. * Utiliza la visualización cuántica para sanar esas heridas y liberarte del pasado.

* Acepta la responsabilidad de tus acciones en las relaciones y perdónate a ti mismo y a los demás.

Comunicación Cuántica

* Aprende a comunicarte de manera clara, directa y amorosa.

* Practica la escucha activa para entender realmente a los demás.

* Utiliza afirmaciones positivas para fortalecer tus relaciones y atraer lo que deseas.

Construyendo Relaciones Conscientes

* Cultiva relaciones basadas en la autenticidad, el respeto y el amor incondicional.

* Reconoce que cada persona es un reflejo de ti mismo y una oportunidad para crecer. * Agradece las lecciones que aprendes de cada relación, ya sean positivas o negativas.

Ejercicio Práctico: Carta de Agradecimiento

Escribe una carta de agradecimiento a todas las personas que han formado parte importante de tu vida, incluso si las relaciones no fueron perfectas. Expresa tu gratitud por las lecciones aprendidas y las experiencias compartidas.

Meditación de Sanación de Relaciones

* Encuentra un lugar tranquilo donde puedas sentarte cómodamente. * Cierra los ojos y concéntrate en tu respiración.

* Visualiza a la persona con la que deseas sanar la relación.

* Envía amor y perdón a esa persona y libérala de cualquier resentimiento.

* Permite que la energía de amor y perdón fluya hacia ti mismo y hacia esa persona.

Hoja de Trabajo: Mis Relaciones Conscientes

* Enumera las relaciones más importantes en tu vida actualmente. * Identifica qué aspectos de esas relaciones te gustaría mejorar.

* Establece metas claras para fortalecer esas relaciones y crear conexiones más profundas.

"Cuando comencé a aplicar los principios cuánticos a mis relaciones, experimenté una transformación profunda en mi vida. Aprendí a perdonar y a amar incondicionalmente, lo que me ha llevado a relaciones más saludables y significativas. Ahora, cada conexión que hago es una oportunidad para crecer y expandir mi conciencia".

Espero que este capítulo te inspire a sanar tus relaciones y a crear conexiones conscientes y significativas en tu vida. Recuerda que el amor y la conexión son las fuerzas más poderosas en el universo. ¡Adelante y transforma tus relaciones con el poder cuántico del amor!

"Desdobla tu realidad y manifiesta tus sueños más profundos con la fuerza del universo a tu favor."

Capítulo XI

La Trascendencia Astral: Elevando tu Espíritu hacia lo Divino

En este capítulo, exploraremos las profundidades del ser humano y su conexión con el universo, utilizando conceptos astrales para alcanzar un estado de trascendencia y sanación.

La Conexión con el Cosmos

* Explora la idea de que somos seres energéticos conectados con el universo. * Aprende a sintonizarte con las energías astrales para elevar tu conciencia.

* Descubre cómo el arte contemporáneo refleja la trascendencia del alma humana.

Meditación Astral

* Encuentra un lugar tranquilo y cómodo para sentarte o recostarte. * Cierra los ojos y concéntrate en tu respiración.

* Visualiza tu cuerpo como una estrella brillante en el cosmos.

* Siente cómo tu energía se expande y se funde con las energías del universo.

* Permanece en este estado el tiempo que desees, absorbiendo la energía cósmica.

Sanación a través de la Astralidad

* Utiliza la energía astral para sanar heridas emocionales y físicas.

* Visualiza la energía astral como una luz sanadora que penetra en cada célula de tu cuerpo. * Libera viejos patrones y creencias limitantes, permitiendo que la energía cósmica fluya libremente a través de ti.

El Arte Contemporáneo como Expresión de la Trascendencia

* Examina obras de arte contemporáneo que reflejan la idea de la trascendencia.

* Analiza cómo los artistas contemporáneos utilizan el arte como medio para explorar la conexión entre el hombre y el universo.

* Reflexiona sobre cómo el arte puede inspirar la trascendencia personal y espiritual en tu vida.

Ejercicio Práctico: Creando tu Obra Maestra

* Utiliza materiales artísticos como pinturas, crayones o arcilla para crear una obra que represente tu búsqueda de trascendencia.

* Deja que tu intuición y tu conexión con el universo guíen tu creación.

* Reflexiona sobre el proceso creativo y cómo te hace sentir más conectado con el cosmos.

Hoja de Trabajo: Mi Viaje Astral

* Escribe sobre tu experiencia durante la meditación astral.

* Describe las sensaciones y emociones que experimentaste. * Anota cualquier visión o mensaje que recibiste del cosmos.

"Cuando me sumergí en el mundo astral, experimenté una sensación de paz y conexión que nunca antes había sentido. Sentí que mi espíritu se elevaba hacia lo divino y que todas mis preocupaciones terrenales se desvanecían. Ahora, uso la meditación astral como una herramienta diaria para mantenerme conectado con el universo y encontrar la paz interior."

Espero que este capítulo te inspire a explorar las profundidades de tu ser y a conectar con la energía cósmica que nos rodea. Recuerda, somos parte de un universo infinito, y nuestra trascendencia radica en nuestra capacidad para conectarnos con esa infinitud. ¡Que tu viaje astral sea sanador y revelador!

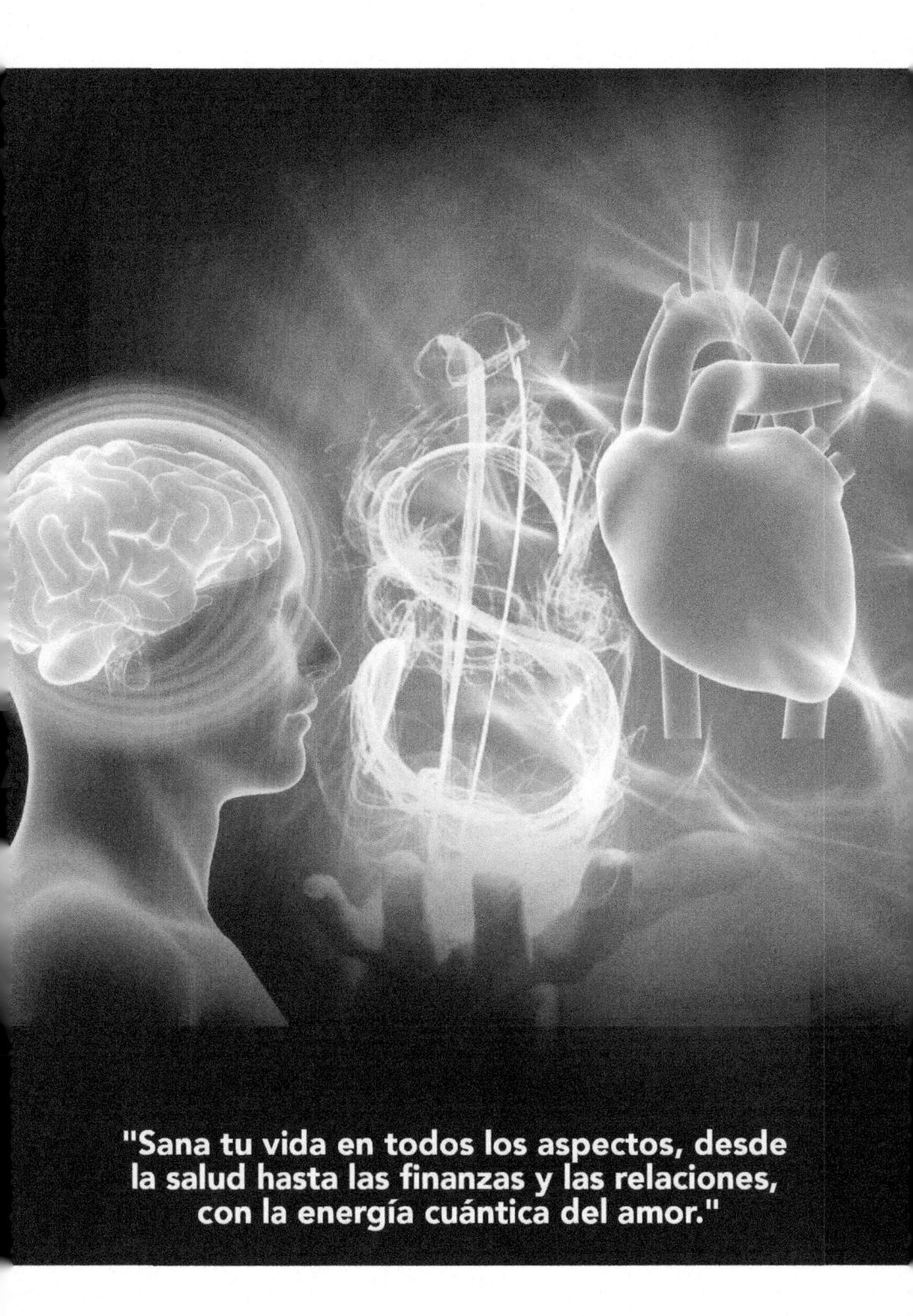

"Sana tu vida en todos los aspectos, desde la salud hasta las finanzas y las relaciones, con la energía cuántica del amor."

El Toque Cuántico del Rey Midas

Capítulo XII:
El Despertar de tu Poder Interior: La Magia de la Transformación

En este capítulo, nos sumergiremos en las enseñanzas del poder de la intención para despertar nuestro poder interior y experimentar la magia de la transformación personal.

El Poder de la Intención

* Aprende a utilizar la intención como una herramienta poderosa para manifestar tus deseos. * Descubre cómo la intención consciente puede transformar tu realidad y abrirte a nuevas posibilidades.

* Practica la visualización creativa para alinear tus pensamientos con tus deseos más profundos.

La Transformación a Través del Autoconocimiento

* Explora los conceptos de autoconocimiento y autodescubrimiento.

* Utiliza técnicas de PNL y sanación cuántica para identificar y transformar creencias limitantes. * Aprende a liberar el pasado y a vivir en el presente con plenitud y gratitud.

Ejercicio Práctico: La Carta de Intención

* Escribe una carta detallando tus deseos y metas más profundos.

* Utiliza un lenguaje positivo y presente, como si tus deseos ya se hubieran cumplido.

* Lee tu carta todos los días como un recordatorio de tus intenciones y visualiza tus deseos manifestándose en tu vida.

Hoja de Trabajo: Mi Transformación Personal

* Reflexiona sobre tu viaje personal de transformación hasta el momento.

* Identifica los obstáculos que has superado y las lecciones que has aprendido.

* Visualiza el futuro que deseas crear para ti mismo y establece metas claras para alcanzarlo.

"Cuando comencé mi viaje de transformación personal, no sabía qué esperar. Pero a medida que fui aplicando estos principios mi vida comenzó a cambiar de formas que nunca imaginé. Aprendí a confiar en mi intuición, a seguir mis sueños y a vivir con propósito. Hoy, soy una versión mejorada de mí mismo, gracias a la magia de la transformación."

Espero que este capítulo te inspire a despertar tu poder interior y a experimentar la magia de la transformación personal. Recuerda, el poder para cambiar tu vida está dentro de ti. ¡Atrévete a soñar en grande y a transformar tu realidad!

"Descifra los secretos ancestrales de la riqueza y activa el elixir cuántico para una abundancia infinita."

El Toque Cuántico del Rey Midas

Capítulo XIII:
La Alquimia Cuántica de la Abundancia: Creando Riqueza y Éxito

En este capítulo, exploramos la alquimia cuántica de la abundancia, fusionando las enseñanzas ocultas sobre el poder de la vibración y la resonancia mórfica con las leyes universales. Al integrar estas poderosas herramientas, desarrollamos un enfoque transformador que nos capacita para manifestar la vida de abundancia y éxito que anhelamos.

Introducción a la Alquimia Cuántica de la Abundancia

La alquimia cuántica nos enseña que podemos transformar nuestra realidad mediante la resonancia de nuestros pensamientos y emociones con la frecuencia de lo que deseamos manifestar. Al entender y aplicar las leyes universales, podemos crear una vida de prosperidad y éxito.

Afinar la Mente Cuántica para la Abundancia

Sintonizamos nuestra mente cuántica con la frecuencia de la abundancia, reconociendo que nuestros pensamientos son energía que crea nuestra realidad. Al alinear nuestros pensamientos con la abundancia, podemos atraer experiencias y oportunidades que nos lleven al éxito financiero, creando estos Valores Cuánticos de la Audacia, abrazamos la audacia cuántica, que va más allá de los límites de nuestra zona de confort, y nos permite explorar nuevas posibilidades y tomar decisiones audaces en busca de nuestros sueños financieros. Al enfrentar nuestros miedos y dudas con valentía, abrimos el camino hacia la grandeza y el éxito.

Construyendo una Sinfonía Financiera Cuántica

Aplicamos los principios de la educación financiera cuántica para construir una base sólida de activos y generar ingresos pasivos. Entendemos que la inversión en nosotros mismos y en nuestros activos es crucial para crear una libertad financiera en el banco universal duradero.

Creando una Marca Personal Cuántica

Desarrollamos una marca personal cuántica que refleje nuestros valores y objetivos más profundos. Reconocemos la importancia de ser auténticos y coherentes en nuestra marca, lo que nos permite atraer a nuestro público ideal y abrirnos camino hacia el éxito financiero.

La Meditación Cuántica de la Resonancia Mórfica

Nos sumergimos en una meditación cuántica guiada que nos conecta con el campo de resonancia mórfica del universo. Visualizamos nuestras metas financieras ya alcanzadas, sintiendo la gratitud y la alegría por nuestra prosperidad presente y futura.

Instrucciones

* Siéntate en una posición cómoda con la espalda recta y cierra los ojos.

* Comienza a respirar profundamente, inhalando lentamente por la nariz y exhalando por la boca.

* Imagina un campo de energía cuántica a tu alrededor, lleno de infinitas posibilidades y abundancia.

* Visualiza claramente tus metas financieras ya manifestadas. Siente la emoción y la gratitud como si ya hubieran ocurrido.

* Permite que esta sensación de gratitud y éxito fluya a través de todo tu ser, llenándote de confianza y alegría.

* Permanece en este estado el tiempo que desees, sumergiéndote en la sensación de haber alcanzado tus objetivos financieros.

* Cuando estés listo, abre lentamente los ojos y regresa al momento presente, llevando contigo la sensación de abundancia y éxito.

Hoja de Trabajo: La Sinfonía Cuántica de la Abundancia

Reflexionamos sobre las enseñanzas presentadas en este capítulo y las aplicamos a nuestra vida financiera. Identificamos áreas en las que podemos mejorar nuestra mentalidad, audacia, educación financiera y marca personal, estableciendo metas concretas para lograr una vida de abundancia y éxito.

Al completar esta alquimia cuántica de la abundancia, nos convertimos en maestros de nuestra propia realidad financiera. Estamos en armonía con el universo, manifestando nuestras aspiraciones más elevadas y viviendo una vida de prosperidad y plenitud.

"Domina tu mente y conviértete en el creador consciente de tu realidad financiera y material."

Capítulo XIV
La Sabiduría de los Maestros del Éxito

En este capítulo, exploramos la sabiduría ancestral que ha guiado a incontables individuos hacia el éxito y la abundancia a lo largo de la historia. Estas enseñanzas, transmitidas de generación en generación, contienen las claves para desbloquear nuestro potencial máximo y lograr una vida plena y satisfactoria.

El Poder del Pensamiento Positivo: A través de la práctica diaria de la gratitud y la visualización creativa, podemos entrenar nuestra mente para enfocarse en lo positivo y atraer experiencias favorables a nuestras vidas.

La Importancia de las Relaciones Humanas: Cultivar relaciones auténticas y significativas nos permite recibir apoyo emocional y motivacional, lo cual es fundamental para alcanzar nuestros objetivos y superar los desafíos que se presentan en nuestro camino.

El Poder de la Actitud: Mantener una actitud positiva y proactiva nos ayuda a enfrentar los obstáculos con determinación y optimismo, permitiéndonos aprender de cada experiencia y crecer como individuos.

El Secreto del Éxito: El verdadero éxito no se mide por la cantidad de riqueza material que acumulamos, sino por nuestra capacidad de contribuir positivamente al mundo y de vivir en armonía con nuestros valores y creencias más profundos.

A través de la práctica regular de la meditación y la introspección, podemos conectar con nuestra sabiduría interior y encontrar las respuestas que buscamos para alcanzar nuestros sueños más grandes. Este capítulo nos invita a reflexionar sobre nuestras creencias y valores, y a alinear nuestras acciones con nuestros deseos más profundos, para así manifestar una vida llena de significado y propósito.

"Encuentra la armonía en todas las áreas de tu vida al comprender y aplicar la ley de correspondencia."

Capítulo XV

Conciencia Colectiva: Uniendo Fuerzas por un Mundo Mejor

En este capítulo, exploraremos la importancia de la conciencia colectiva y cómo podemos unir fuerzas para crear un mundo mejor para todos.

La Conciencia Colectiva: Un Poder Transformador

* Descubre cómo la conciencia colectiva puede influir en eventos globales y en la realidad que experimentamos.

* Aprende a elevar tu propia vibración para contribuir positivamente a la conciencia colectiva. * Explora cómo las acciones individuales pueden tener un impacto significativo en el mundo que nos rodea.

La Importancia de la Unión y la Colaboración

* Reflexiona sobre la importancia de unir fuerzas y colaborar con otros para lograr un bien común.

* Aprende a dejar de lado las diferencias y a trabajar juntos hacia un objetivo compartido.

* Descubre cómo la colaboración puede llevar a resultados más efectivos y duraderos que el trabajo individual.

Ejercicio Práctico: Meditación por la Paz Mundial

* Dedica unos minutos cada día a meditar por la paz mundial.

* Visualiza un mundo en armonía, donde todos los seres vivientes coexisten en paz y respeto mutuo.

* Envía pensamientos de amor y paz a todas partes del mundo, sintiendo la conexión con toda la humanidad.

Hoja de Trabajo: Mi Contribución al Mundo

* Reflexiona sobre cómo puedes contribuir positivamente al mundo que te rodea.

* Identifica tus habilidades y talentos únicos y cómo puedes utilizarlos para hacer del mundo un lugar mejor.

* Establece metas claras para tu contribución y crea un plan de acción para llevarlas a cabo.

"Cuando comencé a trabajar en colaboración con otros en proyectos de impacto social, descubrí el poder transformador de la conciencia colectiva. A través de nuestra unión y dedicación, pudimos lograr cambios significativos en nuestras comunidades y en el mundo en general. Hoy, sigo comprometido con esta causa, sabiendo que juntos podemos crear un mundo mejor para todos."

Este capítulo te invita a reflexionar sobre el poder de la conciencia colectiva y cómo puedes contribuir positivamente a un mundo mejor. Recuerda, cada acción cuenta, y juntos podemos hacer grandes cosas. ¡Únete a la revolución de la conciencia y haz tu parte para crear un mundo más justo, amoroso y próspero para todos!

"Eleva tu vibración para atraer la abundancia en todas sus formas y manifestar tus deseos más profundos."

Capítulo XVI:
Elevando tu Vibración: El Arte de la Transmutación

En este capítulo, exploraremos cómo elevar tu vibración puede transformar tu vida y tu entorno.

La Vibración y su Impacto en tu Realidad

* Comprende cómo tu vibración personal afecta tus experiencias y manifestaciones. * Aprende a identificar y transmutar las vibraciones negativas en positivas.

* Descubre cómo elevar tu vibración puede atraer experiencias y relaciones más positivas.

El Proceso de Transmutación de Energía

* Explora técnicas y ejercicios prácticos para transmutar energía negativa en positiva.

* Aprende a liberar bloqueos emocionales y mentales que impiden tu crecimiento y bienestar. * Descubre cómo la transmutación puede liberar tu potencial y llevarte a un estado de mayor plenitud y felicidad.

Ejercicio Práctico: La Llama Violeta de la Transmutación

* Visualiza una llama violeta brillante frente a ti, representando la energía de transmutación.

* Imagina que esta llama envuelve cualquier energía negativa que te rodea, transformándola en luz y amor.

* Siente cómo tu propio ser se llena de esta luz violeta, elevando tu vibración y tu estado de ánimo.

Hoja de Trabajo: Mi Diario de Vibración

* Lleva un registro diario de tus pensamientos, emociones y experiencias. * Identifica patrones de vibración baja y alta en tu vida.

* Establece metas para elevar tu vibración y sigue tu progreso a lo largo del tiempo.

"Cuando comencé a trabajar en elevar mi vibración, noté cambios profundos en mi vida. Mis relaciones mejoraron, mi salud se fortaleció y mi visión del mundo se transformó. A través de la transmutación de energía, descubrí un camino hacia la paz interior y la realización personal." En este capítulo, aprenderás a elevar tu vibración y a transmutar energía negativa en positiva. Recuerda, tu vibración es tu poder, y al elevarla, puedes transformar tu vida y el mundo que te rodea. ¡Únete a la vibración de la transformación y descubre un nuevo nivel de bienestar y felicidad!

"Integra las polaridades en tu vida y encuentra el equilibrio necesario para atraer la prosperidad en todos los aspectos."

Capítulo: XVII

La Conexión Divina: Alineando los Campos del Éxito Universal

En el vasto universo de posibilidades, existe un hilo conductor que une a todos los seres y a todas las cosas. Este hilo es la manifestación de las leyes universales cuánticas y morficas, que operan en cada aspecto de nuestra existencia. En este capítulo, exploraremos cómo estas leyes se entrelazan con la sabiduría ancestral y la guía espiritual, creando un camino hacia la grandeza universal.

Imagina, por un momento, que estás en un estado de profunda meditación, conectándote con tu ser interior y con las fuerzas que te rodean. Sientes una presencia reconfortante y sabes que estás en sintonía con el universo. Esta conexión divina te guía hacia un entendimiento más profundo de tu propósito y de tu potencial ilimitado.

Al explorar las leyes universales cuánticas y morficas, descubres que estás en armonía con la creación divina perfecta. Cada pensamiento, cada acción y cada intención están alineados con tu verdadero ser, creando un campo de energía que atrae la grandeza hacia ti.

A medida que integras estas leyes en tu vida diaria, comienzas a experimentar cambios profundos y significativos. Tu visión se aclara, tus decisiones se vuelven más acertadas y tus acciones están en perfecta sincronía con el universo. Te conviertes en un imán para el éxito y la abundancia, atrayendo hacia ti todas las bendiciones que el universo tiene reservadas para ti. Meditación: Cierra los ojos y siente la conexión con tu ser interior y con el universo que te rodea. Visualiza una luz brillante que emana de tu corazón y se extiende hacia el cosmos. Siente cómo esta luz te llena de amor, paz y sabiduría, guiándote en tu camino hacia la grandeza universal.

Hoja de Trabajo:

Reflexiona sobre cómo puedes integrar las leyes universales cuánticas y morficas en tu vida diaria. Identifica áreas en las que puedes alinear tus pensamientos, acciones y emociones con tu verdadero ser y con las fuerzas del universo. Establece metas y acciones concretas que te acerquen a tu propósito divino y comprométete a seguirlas.

Al finalizar esta meditación y hoja de trabajo, sentirás una profunda sensación de paz y de plenitud. Sabrás que estás en el camino hacia tu grandeza universal, alineando todos los campos de tu vida con el culmen de tu llamado divino.

"Sintoniza tu vida con el ritmo natural del universo y experimenta el flujo constante de la abundancia."

Capítulo XVIII:
El Despertar del Guerrero Cuántico

Introducción

En este capítulo, nos adentramos en el despertar del Guerrero Cuántico, un ser que ha integrado todas las enseñanzas y prácticas del libro para convertirse en un maestro de su realidad. Este capítulo es un llamado a la acción y un recordatorio de que todas las personas, independientemente de su género, tienen el potencial de ser guerreros cuánticos en sus vidas.

El Guerrero Cuántico Interior

El Guerrero Cuántico no busca la batalla en el mundo exterior, sino que ha aprendido a dominar la batalla interna. Ha integrado las leyes universales y las técnicas de manifestación en su ser, convirtiéndose en un canal claro para la energía universal.

Pasos para Convertirse en un Guerrero Cuántico

• Claridad de Visión: Define tus metas y visualízalas con detalle.

• Integración de las Leyes Universales: Aplica las leyes universales en tu vida diaria.

• Acción Consciente: Toma decisiones y actúa en línea con tus objetivos y valores.

• Mantener la Fe: Confía en el proceso y en ti mismo.

• Flexibilidad y Adaptabilidad: Sé flexible y adaptable en tu enfoque.

• Radiación de Energía Positiva: Irradia energía positiva y amorosa hacia el mundo.

Convierte este libro en tu espada y escudo, y avanza con valentía hacia la vida que deseas crear. Recuerda siempre que tienes el poder de manifestar tus sueños y transformar tu realidad. ¡Que el Guerrero Cuántico despierte en ti y guíe tu camino hacia la plenitud y la abundancia infinita!

"Conoce que cada causa tiene un efecto y elige conscientemente las acciones que te llevarán a la abundancia."

Capítulo XIX:

El Poder de la conexión elevando tu esencia Descubriendo los Secretos de los Maestros de la Antigüedad

En este capítulo, exploraremos el poder de la conexión creativa a través de los principios enseñados por los grandes maestros y sabios de la antigüedad. Ellos comprendieron la importancia de la mente en la creación de la realidad y nos dejaron enseñanzas valiosas que aún son aplicables hoy en día.

La Sabiduría de los Maestros Antiguos

Los antiguos maestros entendían que nuestra realidad exterior es un reflejo de nuestra realidad interior. Ellos enseñaban que al cambiar nuestros pensamientos y creencias, podemos cambiar nuestra vida.

Transformándolo nuestra realidad en diversas formas de las frecuencias energéticas en este caso poniendo como ejemplo La Ley de la Correspondencia enseñaba la ley de correspondencia, que establece que lo que está arriba es como lo que está abajo, y viceversa. Esto significa que nuestra realidad interna se refleja en nuestra realidad externa.

La Importancia de la Visualización Creativa

Otro de los grandes maestros enseñaba sobre la importancia de la visualización creativa para alcanzar la iluminación. Al visualizar claramente lo que deseamos y mantener esa imagen en nuestra mente, podemos atraerlo hacia nosotros.

Proceso

Aplicación Práctica de las Enseñanzas Antiguas

Para aplicar las enseñanzas de los maestros antiguos en tu vida, sigue todos los pasos detallados en este libro. Al sumergirte en las meditaciones de los procesos anteriores, entrarás en sincronía y conectarás con la más elevada vibración, accediendo a los secretos de la manifestación y dando un salto hacia tu grandeza con ese toque cuántico magistral. Entrarás en sintonía con el universo, convirtiendo el conocimiento en sabiduría a través de las enseñanzas de los maestros antiguos, quienes serán tu guía y maestro de vida, resonando desde tu intuición y conexión interior.

* Sigue este proceso de seguimiento Practicando la visualización creativa y la meditación para fortalecer tu mente.

* Alineando tus pensamientos y creencias con tus deseos más profundos.

* Viviendo de acuerdo con los principios de amor, gratitud y servicio a los demás.

Ejercicio Práctico: Meditación de Conexión con los Maestros Antiguos

Siéntate en posición cómoda y cierra los ojos.

Visualiza a los maestros antiguos a tu alrededor, irradiando sabiduría y amor. Pide su guía y sabiduría para aplicar en tu vida diaria.

Hoja de Trabajo: Creando tu Realidad desde la Antigüedad

Escribe cómo aplicarás los principios de los maestros antiguos en tu vida.

Identifica áreas donde necesitas cambiar tus pensamientos y creencias para alinearlos con tus deseos.

Establece un plan de acción para vivir de acuerdo con los principios de los maestros antiguos.

"Al estudiar y aplicar las enseñanzas de los maestros antiguos, he experimentado una transformación profunda en mi vida. He aprendido a controlar mis pensamientos y emociones, y esto se ha reflejado en mi realidad. Ahora, vivo en armonía con el universo y sé que el poder de la imaginación es ilimitado."

Al seguir los principios de los maestros antiguos, puedes transformar tu vida y crear la realidad que deseas. Recuerda, el poder de la imaginación está en ti para manifestar una vida plena y abundante.

"Siembra las semillas de la abundancia y cosecha los frutos de una vida plena y próspera."

Capítulo XX:
El Despertar de la Conciencia Cuántica

En este capítulo exploraremos la idea de dejar un legado significativo y duradero en el mundo. Te invito a reflexionar sobre tu misión de vida y cómo puedes impactar positivamente a las futuras generaciones.

Descubriendo tu Misión de Vida

La misión de vida es el propósito fundamental que guía tus acciones y decisiones. Para descubrir tu misión, reflexiona sobre tus pasiones, talentos y valores. ¿Qué te apasiona? ¿Qué habilidades naturales posees? ¿Qué valores son fundamentales para ti?

Creando un Legado Significativo

Un legado significativo trasciende la vida individual y beneficia a la humanidad en su conjunto. Piensa en cómo puedes utilizar tus talentos y recursos para dejar un impacto positivo en el mundo. ¿Cómo puedes contribuir al bienestar de los demás y al progreso de la sociedad?

La Importancia del Autodescubrimiento

El autodescubrimiento es un proceso continuo que implica explorar tus fortalezas y debilidades, así como tus creencias y valores más profundos. Al conocerte a ti mismo en un nivel más profundo, podrás alinear tu vida con tu misión y dejar un legado significativo.

Ejercicio Práctico: Creando tu Manifiesto de Vida

Escribe un manifiesto que refleje tus valores, creencias y la misión que deseas cumplir en la vida.

Incluye tus metas y objetivos a largo plazo, así como las acciones específicas que tomarás para alcanzarlos.

Comprométete a vivir de acuerdo con tu manifiesto y revisarlo periódicamente para asegurarte de que estás en el camino correcto hacia tu legado.

"Descubrir mi misión de vida y trabajar en dejar un legado significativo ha sido una experiencia transformadora. Me ha dado un sentido de propósito y dirección, y me ha inspirado a vivir cada día al máximo. Mi legado no solo beneficiará a las futuras generaciones, sino que también me ha enriquecido profundamente a nivel personal."

Espero que este capítulo te inspire a reflexionar sobre tu misión de vida y el legado que deseas dejar en el mundo. Recuerda, cada uno de nosotros tiene el poder de impactar positivamente a otros y dejar una marca duradera en la historia. ¡Haz que tu vida cuente y deja un legado que perdure más allá de ti!

Capítulo XXI:
El Legado de la Transformación Cuántica

En este capítulo final, reflexionamos sobre el viaje transformador que has emprendido a lo largo de este libro. Has explorado las profundidades de tu ser, desafiado tus límites y descubierto el poder ilimitado que reside en ti.

Ahora es el momento de contemplar el impacto que este viaje ha tenido en tu vida y en el mundo que te rodea. Has experimentado una transformación cuántica, y con ella viene la responsabilidad de compartir tu luz con los demás.

Reflexión Personal:

* Reflexiona sobre los cambios que has experimentado a lo largo de este viaje. * Identifica cómo puedes utilizar tu transformación para inspirar a los demás.

* Visualiza el legado que deseas dejar en el mundo y cómo puedes empezar a construirlo hoy mismo.

Acción Cuántica:

* Comprométete a compartir tu historia y tus aprendizajes con al menos una persona.

* Crea un plan para llevar tu transformación a la acción en tu comunidad y en el mundo. * Establece metas claras para seguir creciendo y expandiendo tu impacto en el futuro. Meditación de la Luz Interior:

Cierra los ojos y conecta con la luz que brilla en tu interior. Siente cómo esta luz se expande, llenando tu ser y trascendiendo hacia el mundo que te rodea. Visualiza tu vida y tu legado radiante y lleno de amor, inspirando a todos los que te rodean a vivir con pasión y propósito.

Capítulo Extra:
La Fuerza de la Rosa de Jericó y la Ley del Magnetismo

En este capítulo final, nos sumergimos en la esencia misma de la transformación cuántica. Nos adentramos en el poder de la Rosa de Jericó, una planta que simboliza la resiliencia, la renovación y la fuerza interior. Al igual que esta planta es capaz de revivir y florecer incluso después de estar aparentemente muerta, nosotros también podemos renacer y florecer en todas las áreas de nuestra vida.

La fuerza subatómica que impulsa esta transformación reside en nuestro interior, en las partículas más pequeñas y fundamentales que componen nuestra realidad. Al comprender y aplicar las leyes universales, especialmente la ley del magnetismo, que nos enseña que atraemos hacia nosotros aquello en lo que nos enfocamos con intensidad y emoción, podemos cambiar nuestra realidad de manera poderosa.

Este capítulo nos invita a comprometernos con nosotros mismos a aplicar los principios cuánticos que hemos aprendido. Nos comprometemos a ser los creadores conscientes de nuestra realidad, a enfocarnos en lo que queremos crear en lugar de en lo que tememos, y a cultivar la gratitud y la alegría en nuestra vida diaria.

Recordamos que somos seres poderosos y creativos, capaces de manifestar nuestros sueños más profundos. Al igual que la Rosa de Jericó, nosotros también podemos renacer y florecer en una nueva y maravillosa realidad. El poder está en nuestras manos y en nuestras mentes. Es hora de activar esa fuerza subatómica que nos impulsa hacia adelante y nos conecta con la fuente misma de toda creación.

En la conclusión de este libro, te invito a reflexionar sobre el viaje que has emprendido a través de estas páginas. Has explorado los fundamentos de la física cuántica aplicados al desarrollo personal y has aprendido a utilizar los principios cuánticos para manifestar la vida que deseas. Has descubierto el poder de tu mente y cómo tus pensamientos y emociones afectan tu realidad. Has aprendido a identificar y liberar bloqueos emocionales y creencias limitantes, abriéndote a la abundancia infinita que te rodea.

Te has sumergido en la ley de la atracción y has aprendido a aplicarla en tu vida diaria, manifestando tus deseos a través de la visualización y la conexión con tu ser interior.

Ahora, te invito a llevar este conocimiento a la acción. Utiliza las herramientas y técnicas que has aprendido para crear la realidad que deseas. Recuerda, el poder está en ti y puedes manifestar la vida de tus sueños.

Gracias por acompañarme en este viaje de autodescubrimiento y transformación. Que este libro sea un faro de luz en tu camino hacia la abundancia infinita. ¡Adelante y haz que tus sueños se hagan realidad!

Hasta Pronto, no es un Adiós:

Este libro marca el comienzo de tu viaje cuántico, no el final. Continúa explorando, creciendo y compartiendo tu luz con el mundo. Recuerda, eres un ser ilimitado con un potencial infinito. ¡Que tu luz brille siempre brillante!

Capítulo Especial:
La Onda Cuántica de Transformación Espacial Global

En este capítulo especial, exploramos el impacto transformador de la conciencia cuántica a nivel global. Nos sumergimos en la comprensión de que nuestras vibraciones individuales se entrelazan y crean una poderosa onda de energía que puede influir en la realidad colectiva.

Desde tiempos inmemoriales, los grandes líderes y visionarios han comprendido el poder de la mente humana para crear cambios a gran escala. Han reconocido que al elevar nuestra conciencia y vibrar en frecuencias más altas de amor, gratitud y compasión, podemos transformar no solo nuestras vidas, sino también el mundo que nos rodea.

En este capítulo, nos comprometemos a ser agentes de cambio positivo en el mundo, reconociendo que cada pensamiento y acción tiene un impacto en la realidad global. Nos comprometemos a irradiar amor y compasión en cada interacción, sabiendo que estas energías son contagiosas y pueden inspirar a otros a hacer lo mismo.

Nos inspiramos en los movimientos sociales y culturales que han surgido a lo largo de la historia, desde la lucha por los derechos civiles hasta la búsqueda de la paz mundial. Reconocemos que cada uno de nosotros tiene el poder de contribuir a esta ola de transformación global, y que juntos podemos crear un mundo más amoroso, compasivo y equitativo.

Concluimos este libro con la visión de un mundo en el que todos los seres humanos viven en armonía con ellos mismos, los demás y el planeta. Visualizamos un mundo en el que la paz, la justicia y la prosperidad son la norma, y en el que cada individuo se siente valorado y respetado.

Que este capítulo sea un llamado a la acción para todos aquellos que buscan un cambio positivo en el mundo. Que nos inspire a unirnos en un movimiento global de amor y transformación, y que juntos, podamos crear un futuro más brillante y esperanzador para todos.

El secreto del secreto: Desvelando el Éxtasis Ancestral Interior de la Transmutación Sexual

En los misteriosos anales del conocimiento antiguo y la sabiduría ancestral, se encuentra un secreto guardado celosamente por aquellos que buscaban comprender la naturaleza misma de la existencia. Este secreto, conocido por unos pocos elegidos, que aprendí y se me reveló, ahora lo comparto, para que les ilumine el camino hacia un despertar cuántico de conciencia y transformación.

En este vasto tejido del universo, nos contactamos para entrar en el existente secreto ancestral que ha desconcertado a las mentes más brillantes de todas las épocas. Este secreto, conocido solo por unos pocos iniciados, revela la clave para manifestar nuestros deseos más profundos y alcanzar la plenitud en todas las áreas de nuestra vida.

Este secreto ancestral enseña que nuestra realidad es moldeada por nuestros pensamientos y emociones, y que podemos influir en ella a través de nuestra vibración energética. Al comprender y aplicar este principio en nuestras vidas, podemos transformar nuestra realidad y alcanzar un estado de armonía y abundancia.

En el núcleo de nuestra existencia reside un potencial ilimitado, aguardando ser liberado. Este potencial, conocido como el despertar cuántico, les invita a elevar su conciencia a nuevas alturas y a experimentar la realidad de una manera totalmente diferente.

El despertar cuántico nos revela que somos seres multidimensionales con la capacidad de influir en nuestra realidad de formas que anteriormente solo podíamos imaginar. Al abrirnos a esta nueva forma de ser, podemos liberarnos de las limitaciones mentales y experimentar la verdadera libertad y plenitud que la vida ofrece. En el crisol de la existencia, todas las enseñanzas se amalgaman en una poderosa síntesis que nos guía hacia la realización de nuestro ser auténtico.

Esta síntesis de sabiduría nos insta a integrar las enseñanzas de la transmutación sexual y los misterios de la ciencia, aprendiendo a manifestar desde lo más profundo de nuestra realidad cuántica. Descubrimos este secreto ancestral, un conocimiento tan antiguo como el tiempo mismo, que nos revela la verdad fundamental de nuestra existencia: nosotros creamos nuestra realidad. En la era moderna, esto se conoce como salto cuántico, junto con otros conceptos como el efecto del observador en lo observado.

Este secreto, transmitido a lo largo de las eras por místicos y sabios, nos enseña que nuestros pensamientos y emociones poseen un poder inmenso en la creación de nuestra realidad. Cada pensamiento, cada emoción, vibra en una frecuencia específica que atrae eventos y circunstancias de la misma índole.

En esta Sabiduría Ancestral de la Energía Sexual, las antiguas civilizaciones entendían el poder de la energía sexual y la utilizaban en rituales sagrados para manifestar abundancia, salud y amor. Estas prácticas, que se han transmitido a lo largo de los siglos, nos enseñan que la energía sexual es una fuerza vital que puede ser utilizada para la transformación personal y la manifestación consciente.

Este secreto del secreto radica en nuestra capacidad para sentir y vibrar en la frecuencia de lo que deseamos manifestar. Cuando alineamos nuestros pensamientos, emociones y acciones con nuestros deseos más profundos, estamos en sintonía con el universo y atraemos hacia nosotros lo que deseamos.

En el Éxtasis Interior, revelamos el misterio de la Transmutación Sexual como la clave maestra de la vida. Este capítulo representa la culminación y la esencia de todo lo explorado anteriormente en el libro. Es la síntesis de todos los conceptos y prácticas, llevándonos a comprender la importancia de la transmutación sexual como una herramienta fundamental para alcanzar la plenitud en todas las áreas de nuestra vida. Esta práctica, alineada con los principios cuánticos y espirituales, nos enseña a reconocer y utilizar nuestra energía sexual como una fuerza creadora y transformadora, capaz de elevar nuestra conciencia y manifestar nuestros deseos más profundos. Su aplicación no solo nos conduce a resultados tangibles y visibles en nuestras vidas, sino que también nos invita a profundizar en nuestro ser, apreciar la belleza de nuestra existencia y asumir la responsabilidad de nuestra trascendencia.

En este capítulo, nos sumergimos en la comprensión de que nuestra energía sexual es una fuerza poderosa que debemos cuidar y canalizar adecuadamente. Aprendemos a discernir y a no compartirla con energías de baja vibración, protegiendo así nuestro campo energético y elevando nuestra vibración. Reconocemos el líquido vital como una fuente de conciencia y energía vital, que al conservarlo y canalizarlo adecuadamente, nos permite elevar nuestra vibración y acceder a estados de conciencia superiores.

La transmutación sexual, lejos de ser impulsada por el miedo o las creencias limitantes, se convierte en un acto de amor propio y responsabilidad hacia nosotros mismos y hacia la humanidad en su conjunto. A medida que despertamos a este entendimiento cuántico y espiritual, nos convertimos en guardianes de una energía sagrada, contribuyendo así al bienestar y elevación de la vibración de toda la humanidad. Este capítulo nos invita a reconocer y honrar nuestra energía sexual como una fuerza divina, capaz de transformar no solo nuestras vidas, sino el mundo que nos rodea, desde el amor y la conciencia más elevada.

Para comprender y aplicar el secreto del secreto en tu vida, es fundamental dominar ciertas técnicas y procesos que te ayudarán a manifestar tus deseos más profundos. Aquí te presento algunas prácticas que puedes seguir:

Técnica Avanzada de Transmutación Sexual y Manifestación:

* 1) Sintonización Energética: acuéstate o Siéntate en una posición cómoda y relajada. Cierra los ojos y lleva tu atención a tu respiración. Con cada inhalación, imagina que estás inhalando una energía pura y vital, despertando de la Energía Sexual

* 2) Dirige tu atención a tu zona genital y visualiza una esfera de energía vibrante y brillante en esa área. Esta es tu energía sexual, llena de poder y creatividad.

* 3) Elevación de la Energía: Con cada respiración, imagina que esta esfera de energía se expande y asciende recorriendo todo tu cuerpo enraizando y conectando con la madre tierra, subiendo por la planta de tus pies, subiendo por tus piernas, pasando por tus genitales, por tu columna vertebral, ombligo, estómago, corazón, hombros, manos, espalda, garganta boca, nariz, ojos, cabeza, conectando con todas las neuronas, iluminando todo tu ser, llevando consigo una sensación de calidez y vitalidad a cada parte de tu ser.

* 4) Conecta con el Universo: Visualiza que esta energía se conecta con el universo, recibiendo luz y sabiduría cósmica. Siente cómo esta conexión te llena de una profunda sensación de plenitud y propósito.

* 5) Manifestación de Deseos: En este estado elevado de conciencia, visualiza claramente tus deseos más profundos manifestándose en tu vida. Siente la emoción y la gratitud como si ya hubieras recibido todo lo que deseas.

* 6) Cierre y Gratitud: Al finalizar la práctica, agradece al universo por la energía recibida y por la manifestación de tus deseos. Abre los ojos lentamente y lleva contigo la sensación de poder y realización.

Estas técnicas te ayudan a utilizar tu energía sexual como una herramienta poderosa para la manifestación. Al elevar esta energía y conectarla con el universo, puedes potenciar tus manifestaciones y llevar tu vida a un nuevo nivel de realización y plenitud.

Hoja de trabajo

Para comprender y aplicar el secreto del secreto en tu vida, es fundamental dominar ciertas técnicas y procesos que te ayudarán a manifestar tus deseos más profundos. Así que aquí te dejo estas técnicas y prácticas complementarias para que sigas manifestando y materializando:

* Visualización Creativa: Dedica tiempo cada día a visualizar claramente tus deseos como si ya fueran una realidad. Siente la emoción y la gratitud por haberlos manifestado.

* Afirmaciones Positivas: Utiliza afirmaciones positivas que refuercen la idea de que ya has logrado tus objetivos. Por ejemplo, puedes decir: yo soy abundancia infinita y estoy agradecido por todo lo que ha fluido en mi vida".

* Meditación: La meditación te ayuda a calmar tu mente y conectarte con tu ser interior. Practicar la meditación regularmente te ayuda a alinear tus pensamientos y emociones con tus deseos.

* Energía Sexual Transmutada: Canaliza la energía sexual hacia la creatividad y el logro de tus metas. Practicar la abstinencia temporal o la canalización consciente de esta energía puede potenciar tus manifestaciones.

* Actitud Positiva: Mantén una actitud positiva y optimista en todo momento. Cree firmemente en tus capacidades para manifestar tus deseos.

* Visualización de Metas: Crea un tablero de visiones o un diario donde puedas visualizar y escribir tus metas. Esto te ayuda a mantener el enfoque en lo que deseas manifestar.

* Acción Inspirada: Toma acciones que estén alineadas con tus deseos y que te inspiren. La acción es clave para manifestar, pero debe ser una acción inspirada y no forzada.

Recuerda que la clave para manifestar tus deseos es creer firmemente en su realización y estar en sintonía con la vibración de lo que deseas ardientemente, y practicar estas técnicas te ayudará a alinear tu mente, cuerpo y espíritu con tus objetivos, permitiéndote manifestar la vida que deseas.

Mi biografía

Saúl Pichardo es un líder de pensamiento, coach de vida y conferencista reconocido internacionalmente por su enfoque innovador en la integración de la física cuántica y la espiritualidad en el desarrollo personal. Con más de dos décadas de experiencia, Saúl ha impactado la vida de miles de personas a través de sus seminarios, libros y programas de entrenamiento.

Nacido con una pasión por el crecimiento personal, Saúl ha dedicado su vida a explorar las fronteras del potencial humano. Su mensaje inspirador y su capacidad para guiar a otros hacia la realización de su potencial lo han convertido en una figura influyente en el campo del crecimiento personal y la transformación interior.

Saúl es conocido por su enfoque único en la integración de la física cuántica y la espiritualidad en su trabajo. Cree firmemente que al comprender y dominar las leyes universales, podemos transformar nuestras vidas y crear la realidad que deseamos.

A lo largo de los años, Saúl ha compartido sus enseñanzas con miles de personas en todo el mundo, ayudándolas a superar sus limitaciones y a alcanzar sus metas y sueños más grandes. Su pasión por el crecimiento personal y su compromiso con el éxito de sus estudiantes lo han convertido en un mentor y guía invaluable para aquellos que buscan transformar sus vidas y alcanzar su máximo potencial.

Filosofía de Vida: Saúl Pichardo, al igual que el Rey Midas, ha experimentado su propio viaje de transformación. De origen humilde, Saúl descubrió desde joven su pasión por ayudar a otros a alcanzar su máximo potencial. A través de años de estudio y práctica, Saúl ha integrado los principios cuánticos en su vida y en su trabajo como coach y conferencista.

Hoy en día, Saúl es reconocido internacionalmente como un líder de pensamiento en el campo del desarrollo personal y la transformación interior. Su historia de superación y éxito ha inspirado a miles de personas en todo el mundo a seguir sus sueños y a manifestar una vida de plenitud y realización.

Al compartir su historia y sus enseñanzas, Saúl se ha convertido en un faro de luz para aquellos que buscan sanar sus vidas y alcanzar una abundancia infinita en todos los aspectos de su ser. Su compromiso con la misión de ayudar a otros a despertar su potencial cuántico lo ha llevado a ser reconocido como uno de los líderes más influyentes de nuestro tiempo, poniéndose al nivel incluso a figuras de su misma línea de renombre

Este libro, "El Toque Cuántico del Rey Midas: Descifrando los Secretos de la Riqueza Imparable", es un testimonio de la visión, la misión y el compromiso de Saúl Pichardo con la humanidad. A través de estas páginas, te invito a descubrir tu propio toque cuántico y a manifestar una vida de plenitud y abundancia. ¡Que este libro sea la llave que te abra las puertas hacia tu grandeza!

Saúl, basándose en una serie de creencias fundamentales y principios rectores que guían su vida y su trabajo. Estos principios son:

* Potencial Cuántico: Saúl cree que cada persona tiene un potencial ilimitado dentro de sí misma. Al comprender y aplicar los principios de la física cuántica, podemos acceder a este potencial y manifestar una vida de plenitud y éxito.

* Conexión Espiritual: Saúl cree en la conexión entre la mente, el cuerpo y el espíritu. Para él, es importante cultivar esta conexión para alcanzar un estado de equilibrio y armonía en todas las áreas de la vida.

* Transformación Interior: Saúl está convencido de que la transformación interior es el camino hacia la realización personal. Al cambiar nuestras creencias y pensamientos limitantes, podemos transformar nuestra realidad y alcanzar nuestros sueños más grandes.

* Ley de la Atracción: Saúl enseña que la ley de la atracción es una fuerza poderosa que influye en nuestras vidas. Al alinear nuestros pensamientos y emociones con lo que deseamos atraer, podemos manifestar nuestros deseos en la realidad.

* Abundancia y Prosperidad: Saúl promueve la idea de que la abundancia y la prosperidad son nuestro derecho de nacimiento. Al liberar las creencias de escasez y limitación,

podemos abrirnos a recibir la abundancia ilimitada del universo.

* Estos principios fundamentales son la base de la filosofía de Saúl Pichardo y guían su trabajo como líder de pensamiento, coach de vida y conferencista.

* La metodología única de Saúl Pichardo en el campo del desarrollo personal y la transformación interior se basa en una combinación innovadora de conceptos de física cuántica, espiritualidad y programación neuro lingüística. Su enfoque se centra en ayudar a las personas a comprender y aprovechar el poder de su mente para crear la vida que desean. Algunos aspectos clave de su metodología incluyen:

* Consciencia Cuántica: Saúl enseña a sus seguidores a desarrollar una consciencia cuántica, que implica comprender que son co-creadores de su realidad. Esto significa que nuestras percepciones y creencias influyen en la realidad que experimentamos.

* Mente Subconsciente: Saúl trabaja en la reprogramación de la mente subconsciente, que es donde residen muchas de nuestras creencias limitantes. A través de técnicas como la visualización y la afirmación positiva, ayuda a las personas a cambiar sus patrones de pensamiento para alinearlos con sus metas y deseos.

* Integración Cuerpo-Mente-Espíritu: Saúl enfatiza la importancia de integrar el cuerpo, la mente y el espíritu para lograr una transformación integral. Esto implica cuidar la salud física, cultivar una mentalidad positiva y conectar con nuestra esencia espiritual.

* Principios Universales: Saúl enseña principios universales que rigen el funcionamiento del universo, como la ley de la atracción y la ley de la vibración. Ayuda a las personas a comprender cómo estas leyes operan en sus vidas y cómo pueden utilizarlas para manifestar sus deseos.

* Prácticas de Empoderamiento: Saúl brinda a sus seguidores prácticas y herramientas de empoderamiento, como meditaciones guiadas, ejercicios de visualización y afirmaciones positivas. Estas prácticas ayudan a fortalecer la mente y a mantener una mentalidad positiva y enfocada en el éxito.

* En resumen, la metodología de Saúl Pichardo se centra en empoderar a las personas para que se conviertan en los creadores conscientes de su realidad, utilizando principios cuánticos y espirituales para lograr una transformación profunda y duradera en sus vidas.

Impacto en la Comunidad:

Saúl Pichardo ha dejado una huella profunda en la comunidad, impactando positivamente a través de sus enseñanzas y programas. Su compromiso con el desarrollo personal y la transformación interior ha inspirado a muchas personas a alcanzar su máximo potencial y a vivir una vida plena y significativa. Con una filosofía basada en la física cuántica, Saúl ha logrado trascender fronteras y ha llevado su mensaje de empoderamiento a audiencias de todo el mundo. Su dedicación a mejorar la vida de los demás lo ha convertido en un líder de pensamiento reconocido internacionalmente y en una fuente de inspiración para aquellos que buscan un cambio positivo en sus vidas.

Testimonios: Incluye testimonios de personas que han sido impactadas por el trabajo de Saúl Pichardo, destacando los cambios positivos en sus vidas.

Quedé tan impactada con la enseñanza de Saúl, que al terminar este proceso veré abundancia en mi vida como hojas en los árboles, como las estrellas en el cielo, y como el agua en mar.

A través de su trayectoria, Saúl Pichardo ha trascendido barreras, desarrollando su propia marca personal, creando sus propios talleres y procesos en su propia universidad de la vida, que incluye el crecimiento humano y desarrollo personal trascendental cuántico, integrando los entrenamientos de alto impacto y alto rendimiento como:

* Brasas de Éxito: Un evento o actividad que involucra caminar sobre brasas calientes como una metáfora para superar los miedos y alcanzar el éxito.

* Caminando en Vidrios: Una experiencia donde las personas caminan descalzas sobre vidrios rotos, a menudo utilizada como un ejercicio de superación de miedos y límites personales.

* Romper Flechas: Una actividad en la que las personas rompen flechas de madera con la garganta, también utilizada como una metáfora para romper barreras mentales y alcanzar objetivos.

* Sanación Cuántica: Un enfoque de sanación que se basa en los principios de la física cuántica, que postula que la conciencia y la energía pueden influir en la salud y el bienestar.

Estas actividades suelen ser utilizadas en eventos de desarrollo personal y autoayuda para fomentar el crecimiento personal y superar los límites mentales. En los seminarios conferencia como entrenador y conferencista cuántico inquebrantable talleres entrenamientos Seminarios Cuántico: eventos educativos que explora conceptos de física cuántica aplicados al crecimiento personal y la transformación interior.

* Conferencia Inquebrantable: Una charla inspiradora y motivacional centrada en temas de resiliencia, determinación y superación de obstáculos. Reconocido como un Entrenador Cuántico: Un profesional que utiliza principios de la física cuántica para ayudar a las personas a lograr sus objetivos y potencial máximo.

* Talleres Cuánticos: Sesiones prácticas y participativas diseñadas para explorar y aplicar conceptos cuánticos en la vida diaria, con el objetivo de mejorar la calidad de vida y el bienestar personal.

* Entrenamientos Cuánticos: Programas de formación intensiva que enseñan técnicas y herramientas basadas en la física cuántica para lograr resultados específicos en diversas áreas de la vida.

Estas actividades suelen ofrecerse como parte de la oferta formativa de Saúl Pichardo, brindando a los participantes herramientas y conocimientos para mejorar su vida y alcanzar sus metas.

* Neurociencia, PNL, integración de las leyes universales conectadas con el campo cuántico: Utiliza la neurociencia para comprender cómo funciona tu mente y

cómo puedes reprogramar tus pensamientos y creencias limitantes. La PNL te brinda herramientas para comunicarte de manera efectiva contigo mismo y con los demás, cambiando tu forma de percibir el mundo y logrando resultados más positivos. Al integrar estas disciplinas con las leyes universales, puedes alinear tu mente, tu cuerpo y tu espíritu con el campo cuántico, creando así una poderosa sinergia para manifestar tus deseos y alcanzar tu máximo potencial.

Publicaciones y Medios:

Saúl Pichardo ha dirigido y participado en magnos eventos y conferencias de alto impacto que han sido noticia en canales televisivos como Univisión, Primer Impacto, Despierta América, Visión Latina, y diferentes estaciones de radio como K Love, entre múltiples medios. Ha sido invitado por diferentes organizaciones como conferencista o expositor, reconversor, facilitador en procesos de cambios y mentor.

* Bootcamp, un internado de sanación cuántica y encuentro espiritual en un espacio donde viaja con todos los participantes a diferentes lugares del mundo para conectar con su interior disfrutando de las maravillas del mundo

Formación académica:

* Ha destacado en su carrera como Químico en dependencias, certificado en salud mental y emocional, diplomado como conferencista y orador de alto impacto internacional por diferentes escuelas y organizaciones.

* Graduado y certificado de la escuela superior como conferencista y entrenador cuántico inquebrantable, máster coach de negocios, hipnosis, con fundamentos en física cuántica, neurociencia, y programación neurolingüística, reconocido por destacar en su formación académica profesional, elevando sus estándares, entrando en campos trascendentales de excelencia con resultados extraordinarios en el campo del desarrollo personal y la transformación interior.

Puedes encontrar más sobre Saúl Pichardo en sus redes sociales:

* Tik Tok: saul pichardo

* YouTube: saul pichardo

* Instagram: @saulpichardo * Facebook: Saúl Pichardo

* Sitios web oficiales: ww.saulpichardo.com https://conferencistacuantico.com/

Correo electrónico: spichardo.pichardo@gmail.com